Stephan Grätzel
Patricia Rehm-Grätzel
—
Reiner Wein

Die Autoren:

Stephan Grätzel ist emeritierter Professor für Philosophie an der Johannes Gutenberg-Universität in Mainz.

Patricia Rehm-Grätzel, Docteur ès Lettres an der Université de Bourgogne, Dijon, lehrte am Département d'allemand der Université de Bourgogne, an der School of Humanities am Waterford Institute of Technology, Irland, und am Philosophischen Seminar der Johannes Gutenberg-Universität Mainz. Derzeit arbeitet sie als Lehrerin für Deutsch und Französisch am Bischöflichen Willigis-Gymnasium Mainz.

Stephan Grätzel
Patricia Rehm-Grätzel

Reiner Wein

Philosophie zum Einschenken

Königshausen & Neumann

Bibliografische Information der Deutschen Nationalbibliothek

Die Deutsche Nationalbibliothek verzeichnet diese Publikation in der Deutschen Nationalbibliografie; detaillierte bibliografische Daten sind im Internet über http://dnb.d-nb.de abrufbar.

© Verlag Königshausen & Neumann GmbH, Würzburg 2022
Gedruckt auf säurefreiem, alterungsbeständigem Papier
Umschlag: skh-softics / coverart
Umschlagabbildung: Stokkete: Pouring red wine © envato.com
Alle Rechte vorbehalten
Dieses Werk, einschließlich aller seiner Teile, ist urheberrechtlich geschützt.
Jede Verwertung außerhalb der engen Grenzen des Urheberrechtsgesetzes ist ohne Zustimmung des Verlages unzulässig und strafbar. Das gilt insbesondere für Vervielfältigungen, Übersetzungen, Mikroverfilmungen und die Einspeicherung und Verarbeitung in elektronischen Systemen.
Printed in Germany
ISBN 978-3-8260-7583-4
www.koenigshausen-neumann.de
www.ebook.de
www.buchhandel.de
www.buchkatalog.de

Dem Winzer Max Reinhold
in Freundschaft und Dankbarkeit gewidmet

„Denn der Herrgott verrichtet, falls es jemand noch nicht weiß, die höchste Arbeit auf Erden, die des Winzers."

Béla Hamvas: *Gottes Vesper*

Gliederung

Vorwort 11
Einleitung 15
1. Philosophie und Wein: eine ‚spirituelle' Verbindung 21
   1.1 Das Spirituelle im Wein und in der Philosophie 21
   1.2 Die Philosophie des Weins von Béla Hamvas 25
   1.3 „Den Wein neu denken" 38
2. Reflexionen des Weins 43
   2.1 Erlebnis 44
      2.1.1 Konzert der Sinne 44
      2.1.2 Verinnerlichung des Schönen 49
      2.1.3 Übergang zum Übersinnlichen 54
   2.2 Erinnerung 63
      2.2.1 Der Wein als Symbol von Leben,
              Tod und Auferstehung 64
      2.2.2 Der Wein als tragisches Opfer 69
      2.2.3 Der Wein als christliches Symbol 74
      2.2.4 Die moderne Symbolik des Weins 79
   2.3 Denken 83
      2.3.1 Das Leben in seiner Schönheit und Fülle 83
      2.3.2 Die Suche nach dem Grund 90
      2.3.3 Der Anfang des Denkens 92
      2.3.4 Denken als Danken 95
3. Der Wein – ein Star im Welttheater 101
   3.1 Die Masken des Weins 101
   3.2 Die Poesie des Weins 111
   3.3 Die Architektur des Weins 119
   3.4 Das Fest des Weins 123

Schlussbemerkung und Ausblick 129
Anhang 132
Literaturverzeichnis 133
Verzeichnis erwähnter und beschriebener Weingüter 137

Vorwort

„Im Wein liegt Wahrheit", sagt ein bekanntes Sprichwort. Es geht auf den römischen Spruch: „in vino veritas" zurück, der im Deutschen auch gut bekannt ist. Warum der Wein schon seit der Antike diese Auszeichnung hat, wird unterschiedlich gedeutet. Naheliegend scheint die Vermutung, dass er aufgrund des Alkohols redselig mache und dazu verführe, ‚Wahrheiten' auszuplaudern, die man sonst für sich behalten hätte. Es gibt aber andere alkoholische Getränke, die das ebenso könnten, vielleicht sogar besser. Dann wäre Wahrheit nicht nur im Wein, sondern auch im Bier und vor allem in den ‚härteren' Getränken. Wir wollen uns mit dieser oberflächlichen Erklärung einer ‚Wahrheit' aus der Betrunkenheit heraus nicht zufrieden geben. Ein anderes Sprichwort, jemanden „reinen Wein einzuschenken", um dabei die Wahrheit zu sagen, gefällt uns besser. Es stellt einen anderen Zusammenhang heraus, welcher der Wahrheit des Weins wohl eher auf die Spur kommt, weil es eindeutiger auf den besonderen Stoff dieses Getränks hinweist. Wir haben es deshalb zum Titel und Motto gewählt. Die Wahrheit liegt im Wein, nicht in dem was er bewirkt oder herruft. Wein ist Wahrheit, und das aus verschiedenen Gründen. Wir wollen sie entdecken.

Zunächst ist Wein ein kostbares Lebensmittel. Seine Besonderheit liegt darin, dass er ein Genussmittel ist, das geradezu grenzenlos verfeinert werden kann. Mit dieser Möglichkeit ist er zugleich ein Symbol für den Genuss selbst geworden. Der Wein steht damit für den Wert von Lebensmitteln und die Wertschätzung von Nahrung und Genuss überhaupt. Deshalb gehört er zu den teuren Produkten und dient sogar zur Anlage und Spekulation. Weine werden nicht nur genossen, sondern auch gesammelt und können geradezu atemberaubende Werte entwickeln.

Die Kultivierung des Weins hat ihn zu einem gesellschaftlichen und religiösen Symbol werden lassen. Seine Symbolik thematisiert Leben, Geburt und Wachstum, wobei auch die Brüche durch Abschied oder Tod eine Rolle spielen und als Neubeginn zu bewerten sind. Jeder neue Jahrgang hinterlässt Spuren des Klimas eines ganzen Jahres gibt uns etwas Neues zum Genießen, er trägt aber auch zur Erinnerung und zum Nachdenken bei, auch im persönlichen Leben. Mit seiner symbolischen Vielfalt hat der Wein einen immensen Stellenwert in der Kulturgeschichte der Menschheit errungen.

Wein ist damit nicht nur Stoff, er ist auch Zeichen, das einen Wert anzeigt. Dabei steht der Wert für einen Geldbetrag, er steht aber auch – wie übrigens alle Werte – für eine Referenz, die diesen Wert garantieren soll. Diese Quelle für den Wert des Weines wird uns besonders interessieren. Sie liegt zum einen in der Natur und den Investitionen, die weitgehend berechnet werden können, sie liegt aber vor allem in dem Nimbus, dem Geheimnis, das den Wein generell und gerade besonders wertvolle Weine umgibt. Diese Werte können nicht berechnet werden. Hier geht es um den Symbolwert des Weins.

Die herausragende Stellung innerhalb der Lebensmittel als Stoff, Zeichen und Symbol hat der Wein mit dem Brot gemeinsam. Auch das Brot ist nicht nur ein bloßes Lebensmittel, es ist zugleich ein Symbol für das Leben und seine Erhaltung. Brot und Wein stehen für den Genuss und die Erhaltung des Lebens. Sie haben deshalb auch eine religiöse Bedeutung, finden sich aber auch in einem nicht-religiösen Kontext für ein gesundes Leben und eine gesunde Ernährung. Brot und Wein sind dabei dem Wasser vergleichbar, dessen Qualität als Quellwasser (nach DIN 2000) hochwertiger ist als aufbereitetes Wasser, auch wenn das chemisch gesehen als gleichwertig zu betrachten ist.

Der Begriff der Reinheit ist in all diesen Fällen maßgeblich. Er scheint zunächst emotional begründet zu sein, zeigt sich aber in zunehmender Weise auch wissenschaftlich fundiert. Dabei geht es nicht nur um die stoffliche Reinheit und ihre Bedrohung durch einen zunehmenden Schadstoffeintrag in unserer Umwelt, es geht auch um eine symbolische Reinheit, die sich im Respekt vor der Natur und einem ökologischen Umgang ausdrückt. Dabei ist die symbolische Reinheit immer wichtiger geworden, wie das Beispiel des Wassers zeigt, wie sich aber auch beim Wein zeigen wird.

Den Grundnahrungsmitteln kommen damit eine reale und symbolische Bedeutung zu, bei denen ihre Reinheit im Fokus steht. Zum Bier gibt es in Deutschland sogar ein Reinheitsgebot, beim Brot findet gerade ein Umdenken und eine Rückkehr zu alten Traditionen des Backens statt, zumal die Unverträglichkeit genbehandelten und mit Pestiziden verseuchten Getreides rapide um sich greift. Auch der Wein als kostspieliges Genussmittel und Begleiter zum Essen steht jetzt im Visier einer umweltbewussten Ernährung. Hier wird neben dem biologischen Anbau vor allem auf das Terroir und die Tradition beim Anbau und Ausbau des Weines geachtet. Wein ist ein kostbarer Stoff und soll hochwertig produziert werden, um kostbar vermarktet werden zu können. Die Wertschätzung dieses Produkts muss sich auf diesen Ebenen zeigen.

Neben der Produktion und dem Marketing geht es bei diesem Lebensmittel aber um noch viel mehr. Am Wein kann die Wertschätzung des Lebens selbst und seine Kostbarkeit deutlich gemacht werden. Hier liegt der Kern seiner Wahrheit. Seine Reinheit spiegelt die Kostbarkeit des Lebens wieder. Der Wein ist damit ein Symbol für Reinheit und Wahrheit zugleich. Damit beginnt auch die philosophische Perspektive des Weins.

Einleitung

„Philosophie des Weins" heißt das bekannteste Buch des großen ungarischen Schriftstellers und Philosophen Béla Hamvas.[1] Es ist immer noch das grundlegende Werk zu einer solchen Thematik und soll deshalb auch hier in unserem Buch einen besonderen Stellenwert haben. „Wer immer über den Wein schreibt, wird auf meine Feststellungen zurückgreifen müssen," sagt er auch.[2] Mit dieser durchaus selbstbewussten Feststellung hat Hamvas schon vor vielen Jahrzehnten ein eigenes Genre philosophischen Nachdenkens entwickelt, das wir hier weiter führen möchten. Es geht darum, das elementare Bedürfnis des Menschen nach Nahrung einer philosophischen Betrachtung zu unterziehen. Dabei soll der Umgang mit dem Essen und Trinken eine ethische Aufwertung erhalten, die nicht nur eine größere Sorgfalt für Natur und Nahrung entwickelt, sondern welche auch die damit verbundene Lebensfreude im Genuss unterstreicht. Der Wein hat in diesem Verbund von Nahrung und Genuss eine exponierte Stellung bekommen. Die Gründe dafür sind in den Stichworten zu finden, die schon Hamvas herausgestellt hat, also Sinnlichkeit, Liebe, Rausch, Maske und Fest. Dabei spielt gerade die Religiosität des Menschen, die Einsicht in seine Geschöpflichkeit und die daraus folgende, durchaus auch ablehnende Haltung, eine wichtige Rolle.

Hamvas war ein bedeutender Religionsphilosoph. Er suchte die Religion nicht nur in den verschiedenen Kirchen und Konfessionen und stellte etwa in seiner umfassenden Studie *Scientia sacra* Vergleiche zwischen mythologischen, theologischen und philosophischen Ansätzen an, er suchte die

---

[1] Siehe unten 1. Kapitel.
[2] Hamvas, Béla. Philosophie des Weins. Grafing bei München 1999, S. 43.

Religion vor allem beim Menschen in seinem Alltag. Deshalb ist auch sein Buch über den Wein eine Abhandlung über Religion oder das Religiöse im Menschen, auch und gerade bei Atheisten. *Gott* und der *Wein* sind seine Stichworte, an denen er seine philosophische Arbeit ausgerichtet hat. Aber auch sein literarisches Werk ist diesem Thema gewidmet. Sein Roman *Karneval*, der zu den größten und bedeutendsten Werken des 20. Jahrhunderts neben Thomas Mann, Marcel Proust, James Joyce und Robert Musil gerechnet wird, ist ein Buch über den Wein und seine Masken. Im Roman ist der Protagonist *Michael Bormester* (Weinmeister) der Mensch und sein Maskenspiel. Gott, Mensch und Wein stehen für Hamvas in enger Verbindung. Wein ist dabei die Materie, in der sich das Spirituelle von Gott und Mensch verbindet.

Béla Hamvas' Buch beklagt aber auch die schwindende Sinnlichkeit menschlicher Empfindungen und ist ein Plädoyer für die Rückgewinnung des vollen sinnlichen Genusses. Dabei richtet er sich an alle Verächter des Leibes und der Leibesfreuden, an die Antialkoholiker, aber auch und vor allem an die Gottesleugner und Atheisten. Er versucht, den ihnen verborgenen Glauben an das Leben und an Gott wieder zu geben. Gott lebt eben auch im Wein oder im Schinken. Es ist damit auch ein Versuch, das Sinnliche mit dem Übersinnlichen zu verbinden. Hier liegt die philosophische Bedeutung von Hamvas' Weinphilosophie.

Ein philosophischer Ansatz zum Thema Wein findet sich auch bei Mario Scheuermann, dem kultivierten Weinjournalisten der ganz großen Schule, der auch ein Kenner und Liebhaber von Béla Hamvas war. Sein Buch *Wein und Zeit*,[3] eine Sammlung von Aufsätzen, die um die kulturelle und spirituelle Tiefe des Weines kreisen, zeigt neben dem großen Gespür für die philosophische Dimension des Themas auch seine Kennerschaft als Weinjournalist und Weinliebhaber. Die Kompetenz

---

[3] Scheuermann, Mario: Wein und Zeit. Stuttgart 2007.

dieses leider viel zu früh verstorbenen Weinphilosophen war uns ein Wegbegleiter auf unserer Reise.

Ein weiterer Autor mit einer philosophischen Abhandlung zum Wein ist der Franzose Michel Onfray. Er ist darüber hinaus einer der wenigen Philosophen, die eine grundlegende Philosophie der Sinnlichkeit geschrieben haben, bei der alle fünf Sinne gleichwertig behandelt werden. Es gibt einige deutsche Übersetzungen seiner Werke, darunter auch die für uns wichtige ‚Weinphilosophie' mit dem Titel: *Theorie des Sauternes*.[4] Hierbei geht es zwar insbesondere um diesen kostbaren Süßwein aus dem Bordelais, es geht aber überhaupt um das Verständnis des Weins aus den Anfängen der Welt. Onfray schreibt dazu eine Neufassung der *Genesis* in sechs Tagen als Genesis der Rebe und ihres besonderen Saftes. Das Buch trägt deshalb den Übertitel: *Les Formes du Temps*, die Formen der Zeit. *Temps* bedeutet im Französischen auch das *Zeitalter* und *Wetter*, was eine wichtige Ergänzung zu dem Begriff der *Zeit* darstellt. Insgesamt geht es Onfray um die Einschreibung der Entstehung der Welt und des Lebens in den Wein als ihrem Gedächtnisträger.

Ein aktuelles Buch zur Weinphilosophie kommt wiederum aus Frankreich. Es trägt den Titel: *Le vin de la philosophie* und kommt damit unseren Anliegen ziemlich nahe. Der Autor Grégory Darbadie unternimmt Streifzüge durch die Geschichte der Philosophie, wie er auch in dem Untertitel: *Les promenades philosophiques de Bacchus* zu erkennen gibt. Dabei wird die Gemeinsamkeit von Wein und Philosophie herausgestellt: beide verleihen eine Art der Trunkenheit, die von einem sinnlichen und geistigen Kontakt mit der Realität herrührt. Auch dieser Autor sieht in der Philosophie kein bloßes Gerede über etwas, sondern eine Form des Genusses.[5]

---

[4] Onfray, Michel: Die Formen der Zeit. Theorie des Sauternes. Berlin 1999.

[5] Darbadie, Grégory: Le vin de la philosophie. Les promenades philosophiques der Bacchus. Rennes 2022.

Der Zusammenhang von Wein und Philosophie ist in diesen Büchern in unterschiedlicher Weise schon vorgestellt. Dazu kommen bei diesen Autoren die Wertschätzungen aller, auch der sogenannten niederen Sinne hinzu. Das ist eine wichtige Grundlage für die Philosophie des Weins. Wein ist Zeit und Geschichte, er ist auch Stoff, der diese Geschichte nicht nur vermittelt, sondern über die Sinne auch verinnerlichen kann. Diese Vermittlung und Verinnerlichung von Zeichen und Stoff macht den Wein zu einem Gegenstand des Denkens, an dem sich die Philosophie der Sinnlichkeit in ihrem umfassenden Maß darstellen lässt. Solche Philosophien müssen immer wieder einmal neu verfasst werden, weil sich diese Einstellungen zur Sinnlichkeit verschieben oder ändern. Das betrifft auch den Wein und seine neuen Inszenierungen durch die sich ändernden Lebensstile. Der Wein verbindet schon immer alte und mythologische Inhalte mit einem neuen Lebensgefühl und bietet damit immer wieder neue Deutungsmöglichkeiten seines uralten Anliegens.

Nun zu unserem Text: Im ersten Kapitel wird die *spirituelle Verbindung* von Philosophie und Wein behandelt. Beginnend mit der *Philosophie des Weins* von Béla Hamvas und den hier genannten Stichworten zum Thema. Sie sind grundlegend und finden sich immer wieder im weiteren Text. Im zweiten Kapitel werden die *Reflexionen des Weins*, seine Widerspiegelungen der Wahrheit im Leben und Bewusstsein aufgefächert. Diesen Spiegelungen wird im Erlebnis, in der Erinnerung und im Denken nachgegangen. Hierbei geht es zunächst um die Sinnlichkeit des Weins. Der Wein ist aber auch ein Träger von Erinnerungen. Dadurch kommen wir zu den Grundfragen des Denkens, der Suche nach dem Grund des Lebens und seinem Sinn. Diese Reflexionen zeigen, warum der Wein in unserer Kultur einen so hohen Stellenwert bekommen konnte. Seine Sinnlichkeit verbindet sich immer mit einem Übersinnlichen, also mit der Aura des Weines und ihren Geheimnissen. Im dritten Kapitel wollen wir ausführen, wie Wein mythologisch, religiös, literarisch und ganz alltäglich gefeiert wird. Dabei wird der Wein als Protagonist der Wahrheit auf der Bühne des Lebens vorgestellt. In jedem Kapitel wird ein eigener Anlauf genommen, den Wein zugleich als Getränk und als Symbol, als Stoff und als Zeichen zu verstehen. In der Schlussbemerkung und im Ausblick kommen wir zum Anfang zurück und stellen die Frage, welche Rolle der Wein in einer ökologisch besonneneren Welt spielen kann.

1. Philosophie und Wein: eine ‚spirituelle' Verbindung

Die spirituelle Gemeinsamkeit von Philosophie und Wein liegt im *spiritus*, dem lateinischen Wort für *Geist*. Allerdings haben beide, *spiritus* und *Geist*, eine doppelte Bedeutung. Sie sind einerseits der Gegenstand von Philosophie und Religion, andererseits reiner, durch Destillation gewonnener Alkohol. Der Wein ist somit ein stoffliches, aber auch ein geistiges und geistliches Getränk. Er hat eine sinnliche, eine besinnliche, aber auch eine religiöse Seite. Die Philosophie des Weins von Béla Hamvas greift die Vielfalt dieses besonderen Getränks und Lebensmittels auf. Dabei muss der Wein als Inbegriff eines Lebensmittels, aber auch als Heilmittel und Rauschmittel wieder neu gedacht werden.

1.1 Das Spirituelle im Wein und in der Philosophie

Zunächst werden wir die Frage zu beantworten versuchen, was Philosophie und Wein überhaupt verbinden kann. Wein mag ein schöner Begleiter zum Essen und auch zu Gesprächen sein. Schon im alten Griechenland waren die Gastmähler, die *Symposien*, ohne Wein nicht denkbar. Symposien gibt es heute immer noch, aber hier wird kein Wein mehr getrunken, vielleicht danach. Es sind zumeist wissenschaftliche Zusammenkünfte, zu denen ein nüchterner Verstand vorherrscht. Wissenschaft und Wein schließen sich in dieser Form offenbar aus. Soweit Philosophie auch als Wissenschaft verstanden wird, hat sie mit Wein auch nichts zu tun. Zwar gibt es Wissenschaften über den Wein, es gibt auch Philosophien über den Wein, die als Strategien der Pflege und Vermarktung anzusehen sind, aber eine akademische Verbindung scheint eher unerwünscht. Sie läge ja darin, das Spirituelle des Weins mit dem Spirituellen der Philosophie zu verbinden. Nicht nur eine solche Verbindung, sondern schon die jeweilige Feststellung des Spirituellen bei Wein und Philosophie bewegen sich außerhalb heutiger Denkmuster, zumindest dann, wenn sie wissenschaftlich belegt sein sollen. Hier reicht es allenthalben zu der Feststellung, dass Wein eine Droge sei, die süchtig machen kann. Das Spirituelle wird auf den Spiritus, also auf den Alkohol reduziert.

Auch in der Philosophie ist das Spirituelle weitgehend verloren gegangen. Das sieht man heute daran, dass ihr wichtigstes Anliegen, der *Geist*, zumeist in der modernen, also englischsprachigen Philosophie durch das Wort *mind* ausgedrückt wird. Damit ist aber eine gewaltige Einschränkung der Bedeutung verbunden, denn *mind* ist die logische und kalkulierende Verstandestätigkeit, die mittlerweile auch Maschinen besitzen. Die *Philosophy of Mind* ist deshalb in erster Linie eine Philosophie der Maschine Mensch und seines Gehirns. Da sie auf Deutsch *Philosophie des Geistes* heißt, ist durch die Übersetzung unvermerkt aus Geist Gehirn geworden. Auch hier haben wir also eine Reduktion auf das Stoffliche und Materielle.

Der Wein teilt also das Schicksal mit dem Geist, auf einen bestimmten Stoff reduziert zu werden: der Wein auf Alkohol, der Geist auf Gehirn. Dabei sind diese sogenannten Stoffe noch nicht einmal ausschlaggebend für das, was sie auch rein stofflich sind: Wein ist kein Alkohol, sondern ein Genuss- und Lebensmittel, Geist ist kein Gehirn, sondern der Umgang mit anderen, mit der Natur, aber auch mit sich selbst. Alkohol und Gehirn gibt es nur experimentell im Labor, in Destillierkolonnen und Reagenzgläsern. Sie werden aber so behandelt, als wären sie reale Tatsachen, sie sind aber nur abstrakte Labor-Tatsachen. *Abstrakt*, auf Deutsch: *abgezogen*, kann hier sogar wörtlich genommen werden: der Alkohol wird destilliert, das Gehirn seziert. Beide Male haben wir es mit Auszügen, mit Abstraktionen zu tun, nicht mit der Realität. Alkohol und Gehirn sind keine Tatsachen des Lebens. Weder Wein noch Geist können darauf reduziert werden.

Dies zu zeigen ist das erste Anliegen der Philosophie des Weins. Es war auch das Anliegen von Béla Hamvas, der mit seiner Weinphilosophie gegen Reduktionismen der verschiedensten Art vorzugehen dachte. Dazu gehört schon die Reduktion der Sinnlichkeit auf bestimmte Sinne, meist auf das Visuelle. Schon das Hören als wichtige Grundlage der Erfahrung spielt in der akademischen Philosophie keine Rolle, ganz abgesehen von anderen sinnlichen Erfahrungen wie Schmecken und Riechen oder Tasten. Hamvas hat diese unterbewerteten Sinneserfahrungen eingesetzt, um gegen Abstraktionen in der Philosophie vorzugehen. Wir werden dieses Anliegen weiterführen, wir werden aber vor allem neue Gebiete erschließen, auf denen die spirituelle Verbindung von Wein und Philosophie zu erkennen ist.

Mit Robert Musil, der ja mit seinem Roman *Der Mann ohne Eigenschaften* – vom Titel her ein Anklang an Meister Eckharts „man âne eigenschaft", übersetzt: „der Mensch ohne Selbstsucht", – eine solche Suche prosaisch ausgefaltet hat, könnte man diese andere Realität als „anderen Zustand" bezeichnen. Spiritualität ist die wie immer gestaltete Suche nach dem *anderen Zustand*, also einem Zustand *ohne Selbstsucht*, der es erst möglich macht, den Reichtum des Lebens zu erfahren.

Die Suche nach dem *anderen Zustand* setzt eine Ahnung voraus, dass unser Leben nicht eingleisig verläuft und Menschen durch eigene Erlebnisse oder Erzählungen anderer überrascht und in Staunen, in einen *anderen Zustand* versetzt werden können. Solche Erlebnisse können *spirituell* genannt werden. Sie bleiben dann auch meist persönlich, weil sie intim sind. Durch das Staunen aber lassen sich Verbindungen zu ähnlichen Erfahrungen anderer Menschen und zu dieser Sphäre des Spirituellen insgesamt herstellen. Das Staunen ist auch der Anlass zu philosophischen Überlegungen und wurde so auch im alten Griechenland verstanden und gepriesen. Platon sah im *thaumazein*, im Staunen, sogar den Anfang der Philosophie.

Die Auslöser oder Gegenstände des Staunens können vielfältig sein. Ein Kind begegnet staunend der Welt, die Abgeklärtheit des Erwachsenen lässt das Staunen nur noch gelegentlich zu. Dafür kann mit zunehmendem Alter das Selbstverständliche, die bloße Tatsache, dass wir da sind und leben, zum Staunenswertesten werden. Diese Wende vom Selbstverständlichen zum Staunenswertesten ist der Ursprung der Philosophie. Sie vollzieht sich als philosophische Umkehr und Abkehr von den bloßen Tatsachen zu der Kostbarkeit, sie erleben zu dürfen.

Hier liegt eine weitere Parallele zum Wein. Auch er soll erstaunen und die Kostbarkeiten des Lebens zu schätzen lernen. Dabei findet eine vertiefte Reflexion auf das Leben und seine Fülle statt. Sie hat das Ziel, demjenigen auf den Grund zu gehen, was dieses Staunen ausgelöst hat. Man kann es die Wahrheit nennen. Der Mensch ist auf der Suche nach Wahrheit. Dieses Wort ist aber nebulös und fast gefährlich. Es setzt voraus, dass es irgendwo diese Wahrheit gibt und wir sie nur finden müssen. Viele behaupten sogar schon, diese Wahrheit gefunden zu haben. Sie leiten daraus nicht geringe Machtansprüche ab und bekommen diese Macht auch, wenn ihnen geglaubt wird. Tatsache ist aber, dass wir nicht wissen und es auch nie genau wissen werden, was Wahrheit ist und warum sie uns in Staunen versetzt. Bei der Suche nach Wahrheit müssen wir für das Staunen offen bleiben und es immer wieder zulassen. Es darf zu keiner Abgeklärtheit kommen.

Darin liegt die große Weisheit der abendländischen Philosophie: vor dem Hintergrund, dass wir streng genommen nur wissen, dass wir nichts wissen, haben ihre besten Autoren es sich zur Aufgabe gemacht, das Staunen vor diesem großen Geheimnis des Lebens immer wieder zu fördern und neu zu Tage zu bringen. Die wissenschaftliche Forschung, die aus dieser Weisheit hervorgeht, behält das Bewusstsein, dass unser Wissen immer nur Teile überblickt und nie aufs Ganze zugreifen kann.

Darüber hinaus bleibt die Suche nach Wahrheit eine persönliche Angelegenheit, über die aber, da alle Menschen davon betroffen sind, auch gesprochen werden kann und gesprochen werden muss. Es geht dabei um die Suche nach dem Sinn des Lebens als dem eigentlichen Grund für Glück, Zufriedenheit, und Wohlstand. Jeder Mensch muss sich dieser Herausforderung stellen und auf seine Weise erfüllen. Hierbei kann der Wein wichtige Hilfestellung leisten. Seine enge Verbundenheit mit dem Leben und der Kultur macht ihn zu einem Partner auf der Suche nach Wahrheit.

1.2 Die Philosophie des Weins von Béla Hamvas

Tania Blixen zur Einführung

„Besser, man ist betrunken als verrückt." (Fest. S. 61)[6], so urteilt General Löwenhjelm anlässlich seiner Einladung zu Babettes Fest, bei dem sich die letzten Mitglieder einer pietistischen Sekte in einem Dorf in Norwegen treffen, um den 100. Geburtstag ihres Gründers zu begehen. Die Gemeinde ist nicht nur sehr fromm, sondern auch äußerst puritanisch ausgerichtet, denn die Mitglieder „versagen sich die Freuden dieser Welt" (Fest S. 6), welche sie nur als eine Art Sinnestäuschung wahrnehmen (vgl. Fest. S. 6). Zu Ehren ihres verstorbenen Vaters wollen die jungfräulichen, ältlichen Töchter des Propstes, die ihrerseits ihr Leben lang auf alles, einschließlich das eigene Leben, verzichtet haben, eine einfache, aber feierliche Gedenkveranstaltung abhalten. Diese wird aber dank ihrer französischen Magd Babette zu einem wahren Festessen.

General Löwenhjelm selbst hatte in jungen Jahren um eine der Propst-Töchter gefreit, aber sein Werben wurde nicht erhört. Er weiß um die spartanische Lebensart der Sekte, doch dies hält ihn nicht davon ab, gemeinsam mit seiner Tante an der Veranstaltung teilzunehmen, bei der ihn, dem weitgereis-

---

[6] Blixen, Tania. Babettes Fest. Zürich 1989. Zitiert als: Fest mit Seitenzahl.

ten und hoch dekorierten Mann von Welt, neben der Ungewissheit, vor Jahrzehnten die richtige Entscheidung für sein Leben getroffen zu haben, lediglich niedrige Zimmerchen, Dorsch und ein Glas Wasser (Vgl. Fest. S. 55) zu erwarten scheinen. Wie erstaunt ist er, als ihm im Haus der Propst-Töchter ein Festmenü serviert wird, das er aus dem berühmten Café Anglais in Paris kennt. Aber nicht nur das Essen ist unerwartet und vorzüglich, sondern auch die Getränke: Amontillado, Veuve Cliquot 1860 und vor allem „ein Clos Vougeot von 1846" (Fest. S. 41).

Erstaunt ist er auch über die fehlende Reaktion der Feiergäste, die diesen Gaumenschmaus nahezu regungs- und kommentarlos über sich ergehen lassen. Auf seine erstaunten Nachfragen oder begeisterten Ausführungen hin werden dem General lediglich Bibelzitate oder Bemerkungen über das Wetter erwidert. Diese unerwartete Diskrepanz zwischen dem, was zu erwarten ist, und dem, was geschieht, führt zu dem oben zitierten Satz des Generals, dessen Glas auf Anweisung der Köchin niemals leer ist, wohingegen alle anderen Gäste immer nur ein Glas des gerade servierten Getränks bekommen.

Aus Furcht vor Sünde und ewigem Höllenfeuer haben sich die Gäste geschworen, das Essen, was immer auch kommen mag, auf keinen Fall zu kommentieren (Vgl. Fest. S. 58). Jedoch wird die Gesellschaft im Laufe des Abends immer gesprächiger, besinnt sich auf die guten Taten des Propstes, den sie feiern, und wo sich schon langsam Entzweiung und Querulantentum eingeschlichen hatten (Vgl. Fest. S. 6), da herrscht nun Heiterkeit und Versöhnung (Vgl. Fest. S. 68)

Den Gästen scheint gar, dass sie einen „mächtigen Strahlenschimmer" (Fest. S. 67) sehen, der aus vielen Heiligenscheinen zusammengeflossen ist, sich die Zeit mit der Ewigkeit vermischt (Vgl. Fest. S. 67), sie das Universum in seiner Wahrhaftigkeit erblicken (Vgl. Fest. S. 69) und die Gnade Gottes ihnen zuteilgeworden ist (vgl. Fest. S. 69). Der Genuss der unbekannten Speisen und des Weins erhebt alle „in höhere, reinere Regionen" (Fest. S. 61), und sie verlassen das Haus im „Himmelszustand einer zweiten Kindheit" (Fest. S. 71).

In ihrer 1960 veröffentlichten Novelle stellt die dänische Autorin Tania Blixen (1885–1962), durchaus mit ironischem Augenzwinkern, einer nahezu verkniffen anmutenden Askese den Genuss des Lebens gegenüber, und zwar in Form von Speisen und alkoholischen Getränken. Der Wein spielt hier eine bedeutende Rolle.

Dies zeigt auch die in der gleichnamigen Literaturverfilmung von Gabriel Axel besonders verdichtet die Szene, in der ein Mitglied der Gemeinde, Solveig, ein Glas Wasser ergreift, daraus trinkt, es schnell wieder – und wie es scheint leicht angewidert – abstellt, um mit errötenden Wangen und strahlenden Augen das Weinglas zu nehmen, aus dem sie dann sichtlich erfreuter trinkt und es wieder, ganz von Wonne erfüllt, abstellt.

Der Wein und die Speisen schaffen bei Blixen letztendlich das, was die Askese und die Bibelstunden der Sekte nicht bewirken konnten: Die Vereinigung der Menschen in Freundschaft und die Erfahrung der göttlichen Gnade und der Ewigkeit. Das Festmahl der Babette erzeugt somit erst die mystische Erfahrung, nach der die Mitglieder der Sekte ihr Leben lang streben. Der Wein und die Speisen, d.h. der Genuss, erschließen erst das Bewusstsein für das Metaphysische. Schon Gisela Kreglinger hat in ihrem einschlägigen Werk zur *Spiritualität des Weins* auf die Schlüsselfunktion dieser Geschichte hingewiesen.[7] Blixens Novelle und ihre Verfilmung verschaffen eine „differenzierte Aufmerksamkeit" auf die sinnliche Erfahrung des Weins mitsamt seiner Bedeutung.[8] Genau darum geht es auch in Belà Hamvas' *Philosophie des Weins*.

---

[7] Kreglinger, Gisela H.: Wein ist ein Gottesgeschenk. Würzburg 2019, S. 144.
[8] Kreglinger, Gottesgeschenk, S. 145.

Kampf gegen die Wein- und Leibverächter

Der ungarische Philosoph Hamvas (1897–1968) wendet sich in seinem Werk in ähnlicher Weise gegen die Puritaner, jedoch ist er nicht so wohlwollend wie Blixen, deren feine Ironie bei allem das Bild liebenswerter, wenn auch in ihrer Radikalität verirrter Menschen zeichnet. Hamvas hingegen wird leidenschaftlich, wenn er in seiner übermütig-tiefsinnigen und teilweise auch frivolen *Philosophie des Weins*, die er 1947 geschrieben hat und die seit 1999 auch in der deutschen Übersetzung zu erhalten ist, von den Puritanern spricht. Er hält den Puritaner an sich für aggressiv (Vgl. Wein. S. 28)[9], weil er seine Überzeugungen, also den Gottesglauben und die Askese, mit Gewalt durchsetzen wolle. Dabei ist er den Anderen gegenüber genau so hart wie gegen sich selbst. Dies mache ihn zu einem strengen, gereizten, kämpferischen, finsteren, gemeinen und gewalttätigen Menschen (Vgl. Wein. S. 30) und einen massiven „Herzidioten" (Wein. S. 28). Auch verkörpert der Puritaner den abstrakten Menschen schlechthin (Vgl. Wein. S. 28), da er sich durch seine Art vom Leben selbst abwendet und ausschließlich sinnenfeindlichen Grundsätzen huldigt. Dem Puritaner geht deshalb die Herzlichkeit wie auch jedes andere Gefühl gänzlich verloren. Wie jeder andere Christ habe zwar auch der Puritaner die Botschaft verstanden, dass er sein Leben opfern müsse. Jedoch bringt er dieses Opfer nicht Gott dar, sondern einem „Gottessurrogat", also einem Götzen (Vgl. Wein. S. 29). Deshalb sieht Hamvas im Puritanismus sogar eine Abart des Atheismus (Vgl. Wein. S. 27). Es sind gerade die Atheisten, die Hamvas in seiner Schrift angreift und für die er sein Buch überhaupt schreibt. Wer aber sind noch alles Atheisten und wie werden sie von Hamvas charakterisiert?

Neben dem Puritaner sieht er auch im Szientisten eine Abart des Atheismus (Vgl. Wein. S. 27), er ist sogar die „ko-

---

[9] Hamvas, Béla. Philosophie des Weins. Grafing bei München 1999. Zitiert als: Wein mit Seitenzahl.

mischste Gestalt des Atheismus" (Wein. S. 28), denn er erschafft sich eine naturwissenschaftliche Welt, die genau so frei von Genuss und Gefühlen ist, wie die des Puritaners. Jedoch wird in der Welt des Szientisten alles auf rein biologische Prinzipien reduziert. Der Szientist findet kein ganzheitliches Leben mehr, in dem Menschen als Individuen gesehen werden. Es gibt nur noch die Gattung Mensch mit ihren biologischen Merkmalen, weil nur sie analysiert werden kann. Wegen dieser Einseitigkeit charakterisiert Hamvas diese Art des Atheismus als ungeschickt und eher ungefährlich (Vgl. Wein. S. 27).

Der Atheist als solcher ist derjenige, der Gott auf jede Weise leugnet. Er verleugnet das Transzendente und damit alles, was über das rein Empirische hinausgeht. Hamvas nennt ihn deshalb einen „Armen an der Seele", einen „Krüppel", „zurückgeblieben in der Entwicklung" und „schwach von Verstand" (Wein. S. 6). Dabei hält Hamvas die Atheisten gleichwohl „allesamt [für] bigott" (Wein S. 8), auch wenn er von sich behaupte, keine Religion zu haben.

In ihrer Bigotterie sind die Atheisten sogar gottesfürchtig, sie huldigen einem „Surrogat", dem Materialismus (Wein. S. 106). Dabei haben sie allesamt „Angst vor dem Geist", weil sie sich gegen ihn entschieden haben.[10] Dafür huldigen sie ihren Surrogaten. Hamvas erkennt drei Dogmen, die dafür spezifisch sind: „Es gibt keine Seele, der Mensch ist ein Tier, der Tod ist Vernichtung." (Wein. S. 8) An diesen Dogmen festhaltend wird der Atheist „hochmütig" (Wein. S. 5) und „dünkelhaft" (Wein S. 9), denn er hält sich für allwissend und durchschaut, „was die Welt im Innersten zusammenhält" (Goethe, Faust, Vers 382f.) Deshalb halten sich die Atheisten obendrein für die „Herr[en] der Welt" (Vgl. Wein. S. 46)

Letztendlich charakterisiert Hamvas die Atheisten trotzdem nur als „dumm und unwissend und beschränkt und ein-

---

[10] Schuppener, Bernd: Die Angst vor dem Geist. Würzburg 2021, S. 43.

fältig." (Wein S. 11), weil ihnen durch ihr Analysieren und Schematisieren alles entgeht, was für jeden Genuss wesentlich ist: die geistliche Dimension und die damit verbundene spirituelle Erfahrung des Lebens. Insgesamt zeichnet sich der Atheist in all seinen Erscheinungsformen also gerade durch eine Genuss- und damit Lebensfeindlichkeit aus.

Das steht natürlich in einem krassen Gegensatz zu den herrschenden Vorstellungen, wie sie etwa von dem schon erwähnten französischen Philosophen Michel Onfray vertreten werden, dem zufolge gerade der Atheismus eine von der Religion befreite und damit unbegrenzte Zulassung des Genusses ermögliche. Onfray kennt Hamvas offenbar nicht. Er steht ihm zwar in vielen Punkten recht nahe, gerade wenn es um den Kampf gegen die Verachtung des Lebens und für die Aufwertung der Sinnlichkeit geht. Hamvas bewertet das aber nicht vonseiten der Biologie, sondern von der gelebten Sinnlichkeit aus und sieht in ihr eine Verbindung zum Übersinnlichen und zum Religiösen. Der Wein, der eine sinnliche und übersinnliche Brücke zur Welt baut, ist deshalb auch ein religiöses Getränk.

Sicher ist das Sinnliche oft einem Übersinnlichen geopfert worden, zumindest in dem, was Religionen oder Philosophien für sinnlich gehalten haben. Das war und ist natürlich ein Fehler, aber er wird nicht damit wettgemacht, dass das Gegenteil passiert, dass das Übersinnliche für belanglos erklärt wird, wenn es um das Sinnliche geht, wie das bei Michel Onfray der Fall ist: „Um die Versöhnung des Menschen mit sich gebührend zu feiern, muß in erster Linie mit den Nachwelten Schluß gemacht werden, mit den Himmeln und mutmaßlichen Wohnsitzen der Ideen, Wesenheiten, Gottheiten. Diese Räume sind mythisch, erträumt und erdichtet. Sie haben keinerlei Existenz, es sei denn eine phantasierte."[11] Onfray unterschätzt hier offenbar die Macht der Phantasie, da

---

[11] Onfray, Michel: Der sinnliche Philosoph. Übersetzt von Eva Moldenhauer. Frankfurt am Main 1992, S. 148.

sie dem Sinnlichen zuträgt und die Sinnlichkeit massiv beeinflusst. Onfray bleibt in diesem Punkt ganz auf die Biologie fixiert: „Ein paar chemische Ausdünstungen, und schon steht die Sau wie angewurzelt ..."[12]. Dem Einwand, den er auch selbst pro forma gibt, dass zum Menschen noch einmal ein Unterschied bestehen könne, verwirft er mit dem Hinweis auf den radikalen französischen Biologen Jean-Didier Vincent und seine „Biologie des Begehrens", für die es keinen Unterschied zwischen Säuen und Menschen gibt.[13]

Hier muss der Unterschied zu Béla Hamvas gesehen werden. Zwar sind sie beide Philosophen der Sinnlichkeit, Onfray sieht aber den Atheismus und Materialismus als Lösung für die Befreiung der Sinne, während Hamvas das für einen Irrweg hält. Aus der Sicht von Hamvas sollte sich niemand der Autorität eines Szientisten unterwerfen, wie Onfray das tut. Daraus folge nur eine abstrakte Einschätzung und Bewertung, die nicht mehr vom Gefühl selbst ausgeht. Für Hamvas gestalte die Phantasie und alles Übersinnlichen das Sinnliche entscheidend mit. So können eine Geschichte und ihre Aura ausschlaggebend für die Sinne und ihre Wahrnehmungen sein, wie im zweiten Kapitels gezeigt wird. Der wahre Materialismus ist nicht biologisch, sondern spirituell.

Religion und Wein

Da Michel Onfray noch lebt, wäre es noch nicht zu spät, dass er sich mit Hamvas' Text anfreundete. Denn Hamvas sieht die Verblendung der Atheisten und versucht sie aus ihrer Trotzecke herauszuholen: „Man beschimpft nur, wen man liebt." (Wein. S. 110), so seine Einschätzung aller Gottesleugner. Eigentlich schreibt er seine *Philosophie des Weins* nur aus Liebe zu ihnen. Er möchte ihnen den rechten Weg zeigen (Vgl. Wein. S. 47) und nennt sein Buch ein *Gebetbuch für Atheisten* (Vgl. Wein. S. 5). Hamvas sieht in der Religion das Fundament

---

[12] Onfray, Der sinnliche Philosoph, S. 44.
[13] Ebd.

und den Ursprung aller menschlichen Tätigkeiten (Vgl. Wein. S. 32). Er unterscheidet deshalb zwischen guter und schlechter Religionen, wobei der Atheismus die schlechteste aller Religionen ist (Vgl. Wein. S. 33). Dabei kann nur derjenige sündigen, der eine schlechte Religion hat. Insofern gehört der Atheist zu den größten Sündern.

Die gute, also die eigentliche Religion offenbart sich für Hamvas vor allem in dem Genuss des Lebens selbst. Dort finden sich alle Genüsse, die das Leben bieten kann, also neben den sinnlichen auch die geistigen Genüsse. Der Wein steht für beide Formen und kann auch eine Verbindung herstellen. In seiner Vielfalt wird letztlich immer nur Gott erlebt und in jedem einzelnen Genuss erkannt. Der Wein ist nicht nur ein Genuss, er ist die Medizin (Vgl. Wein. S. 108), die von der Krankheit eines abstrakt verstandenen und geführten Lebens heilen kann, um zum rechten Glauben, zur guten Religion und zur wahren Philosophie zu finden.

Deshalb besteht für Hamvas ein Zusammenhang zwischen Atheismus und Lebensfeindlichkeit. Atheismus ist also nicht nur die Ablehnung einer Religion oder einer Konfession, er ist eine Ideologie des Egoismus, die den Menschen von seinen spirituellen Erfahrungen abbringen und ihn auf das fragwürdige szientistische Menschenbild des 20. Jahrhundert festlegen möchte. Demgegenüber möchte Hamvas mit seiner Medizin, dem Wein, dem Menschen seine Ursprünglichkeit zurückgeben. Religion steht bei ihm für die Rückbindung an den Ursprung, an das Ganze des Menschen und seine Sinnlichkeit, die sowohl die Sinne wie das Übersinnliche umfasst. In unserem Text werden wir die Rückbindung als dreifacher Reflexion im Erlebnis, in der Erinnerung und im Denken nachgehen. Dabei wird auch die Verbindung zum Übersinnlichen und Transzendenten jeweils eine Rolle spielen. Religion und Reflexion sind beides Rückbindungen, die zwar unterschiedliche Vorstellung und Ideologien hervorgebracht haben, die aber beide ein zentrales Anliegen des Menschen zum Ausdruck bringen, sich dem eigenen Ursprung zuzuwenden.

Hamvas gehört zu den wenigen, die eine solche anthropologische Bedeutung der Religion herausgestellt und sie aus dem bloß kirchlichen Umfeld emanzipiert haben. Der Wein und seine ‚religiöse' Seite haben viel zur Anschaulichkeit dieses Gedankens beigetragen.

Sinne und Sinnlichkeit

„Jedes Denken sei mit den Sinnen zu beginnen" (Wein. S. 26), so zitiert Hamvas den Naturkundler und Philosophen Franz von Baader, für den sich jede Philosophie allein mit dem konkreten Erfahren der Welt durch die Sinnesorgane des Menschen zu bewähren habe. Hierbei ist aber nicht wie sonst üblich allein nur von den Augen die Rede, für Hamvas ist es vor allem der Mund, der den Menschen mit der Welt verbindet. Als „Quelle unmittelbarer Erfahrung" (Wein. S. 17) ist der Mund das Organ, durch das der Mensch auch „unmittelbar mit der Welt verwachsen" (Wein. S. 18) ist. Die Sinnlichkeit der Welt – und damit der Genuss – überträgt sich dem Menschen hierbei durch Sprechen, Atmen, Küssen, Essen und Trinken. Der Mensch ist im Geben und Nehmen mit der Welt verwachsen, er tauscht sich mit ihr aus und sammelt auf diese Weise seine Erfahrungen. Der Mund kann dabei die unmittelbarste Erfahrung machen, er lässt sich nicht täuschen und kennt demzufolge auch keine Abstraktion. Mit dem Mund wird ein echter und wahrhafter Austausch mit der Welt geführt. Der Mund ist das Tor für die Nahrung.

Hamvas bezieht sich in seiner Schrift nun vor allem auf das Trinken, weil es „um vieles erotischer ist als das Essen." (Wein. S. 55) Die Sinnlichkeit der Welt und der Genuss des Lebens kommen beim Trinken am besten zur Geltung. Hier interessiert er sich hauptsächlich für den Wein, aber nicht nur wegen seiner Qualität, sondern vor allem deshalb, weil er für ihn „wie ein flüssiger Kuß" (Wein. S. 55) ist. Im Kuss tauscht sich der Mensch unmittelbar mit der Welt aus, es ist ein Geben und Nehmen, also eine Kreisbewegung (Vgl. Wein. S. 18), die hier zwischen Mensch und Welt stattfindet. Wenn Hamvas den Wein und das Wein-Trinken als Kuss bezeichnet, dann ist der Wein das Getränk, mit dem der unmittelbarste Austausch des Menschen mit der Welt passiert und somit die ursprünglichste sinnliche Erfahrung, die zum Denken führt.

Hamvas hat auch hier gezeigt, wie die Sinnlichkeit bei der elementaren Verinnerlichung durch den Mund und besonders durch den Kuss beginnt und zur spirituellen Sinnlichkeit im Denken aufsteigt. Wir werden unten im zweiten Kapitel auf die leibliche und geistige Verinnerlichung zurückkommen und sie als Basis für die leibliche Symbolik des Weines erkennen. Den Weg dazu hat er schon vorgezeichnet.

Wein und Maske

Eine für unsere Abhandlung wichtige Charakterisierung des Weins findet sich ebenfalls schon bei Hamvas: Der Wein selbst ist „[e]ine hieratische Maske, hinter der jemand steckt." (Wein S. 25) Er nennt das sogar den „Grundgedanken der Philosophie des Weins." (ebd.) Hier wäre natürlich zu klären, was unter einer „hieratischen Maske" zu verstehen ist. Zunächst ist es die Maske, die in der Antike bei verschiedenen religiösen Kulthandlungen eingesetzt wurde. Wir werden im dritten Kapitel darauf eingehen.

Darüber hinaus gibt Hamvas dem Wein aber die Rolle einer allgemeinen und universalen Stellvertretung des Lebens. Auch dies werden wir in unserem Buch weiter verfolgen. Die Vielfältigkeit des Lebens drückt immer wieder nur das Eine aus, das alles miteinander verbindet. Wie schon Johann Gottfried Herder, der hier zitiert werden soll, für das philosophische Denken postuliert, ist „[…] in Vielem das Eine; im Einen das Viele […]"[14] zu erkennen. So ist auch für Hamvas „Alles Eins" und somit „Alles in Allem enthalten." (Wein. S. 25) Dahinter verbirgt sich keine billige Gleichmacherei, es ist die

---

[14] Herder, Johann Gottfried: Metakritik. Sämtliche Werke, hg. v. Bernhard Suphan. Berlin 1877–1913, Bd. XXI, S. 142.

Aufforderung, das Einzelne niemals nur als solches zu sehen und zu betrachten, sondern immer die Aufmerksamkeit auf die weiteren Zusammenhänge zu richten, in denen etwas steht. Herder hat mit diesem Denken maßgeblich auf Goethe eingewirkt und ist auf diese Weise zum Initiator der ganzheitlichen Naturauffassung Goethes geworden.

Hinter der Maske des Weins verbirgt sich Gott, der alles erschaffen hat und allem, was ist, seinen individuellen Charakter gibt, wie ja auch der Wein vielfältig ist und jede Sorte und Flasche ein Individuum darstellt. Der Wein hat die vollständige Welt in sich, sowohl das Gute, das dominiert, aber auch das Schlechte (Vgl. Wein. S. 58). Diese Welt gilt es zu ordnen, damit das All-Eine erkannt werden kann.

Da der Wein für Hamvas diese Bedeutung und Aufgabe hat, so erfüllt er auch eine Aufgabe der Befreiung (Vgl. Wein. S. 35) des Menschen durch den Rausch. Dabei hat: „[j]eder Rausch […] seine Wurzel in der Liebe." (Wein. S. 57) Der Wein ist damit eine Ausprägung der Liebe, nämlich die „flüssige Liebe" (Wein. S. 57).

Erst der Rausch versetzt den Menschen in die Lage, sich über die Alltäglichkeit des Lebens und über die reine Vernunft zu erheben. Im Rausch erlebt der Mensch einen „höheren Zustand" (Wein. S. 105), der über das rein Logische und rein Ordnende hinausgeht; der Mensch erlebt „Ekstase" (Wein. S. 35) und „Enthusiasmus" (Wein. S. 105). Erst Dank dieser Ganzheitlichkeit, die der vernünftige Mensch durch den Rausch erfährt, wird er fähig Kunst und Musik zu schaffen. Aus dem Rausch heraus entwickelt sich auch die speziell menschliche Liebe, nämlich die Liebe zum Genuss der Sinne, verbunden mit dem Bewusstsein einer höheren, allumfassenden Liebe. Insofern entspringen das wahre Denken und die wahre Religion nur aus dem Rausch und der Ekstase. Sie vervollständigen das vernünftige Denken. (Vgl. Wein. S. 105) Die „gute Religion" (Wein. S. 105) ist also auch die „Rauschreligion" (Wein. S. 105), die von der „schlechte[n] Religion", der

„alltägliche[n] Vernunftreligion" (Wein. S. 105), also diesem allgemeinen Atheismus (Vgl. Wein. S. 105) abgegrenzt wird. Allein der Rausch, der durch den Wein hervorgerufen wird, lässt den Menschen auch erfahren, was das illuminierte Leben, die vita illuminativa (Vgl. Wein. S. 105) ist. Es bezeichnet die Erleuchtung, die der Mensch hat, wenn er über das tägliche Einerlei hinausblicken kann, wenn er seinen Horizont erweitert und nicht nur für den täglichen Broterwerb lebt oder sich in abstrakten Gedankenmodellen beweist, sondern höhere Ziele erstrebt, wie sie Musik, Kunst, Religion und Liebe bieten können.

Wenn der Mensch nicht nur in Abstraktionen lebt und Theorien ersinnt, die vom Leben weit entfernt sind, sondern das alltägliche Leben im Rhythmus von Arbeit und Muße zu genießen weiß, dann hat er dieses illuminierte Leben erreicht. Hamvas nennt es „die höhere Nüchternheit" (Wein. S. 105), was sich zwar zum Rausch paradox ausnimmt, aber in dem Sinne zu verstehen ist, dass Nüchternheit eine Klarsicht und Einsicht in das wahre, ganzheitliche Leben bedeutet.

In dieser Hinsicht wirkt der Wein für alle Anhänger abstrakter Theorien erlösend und befreit sie „vom Krampf des Schlechten" (Wein. S. 36). Ein Glas Wein ist für Hamvas der „Todessprung des Atheismus" (Wein. S. 37). Es ist aber ein Sprung zurück auf die Bühne des Lebens. Dort zeigen sich die „hieratischen Masken des Weins" in vielen Facetten, wie wir unten weiter ausführen.

Genuss und Fest

Gleichwohl macht Hamvas darauf aufmerksam, dass das Trinken als Genuss immer einen festlichen Rahmen braucht, damit es nicht entgleist oder sogar zur Sucht wird. Sein einfaches Mittel dafür: „Du kannst trinken, wo immer, nur verbirg dich niemals." (Wein S. 97) Das heimliche Saufen wird also abgelehnt. Denn das, was für den Genuss gilt, ist auch Devise für das Leben selbst: „Man darf nicht im Dunkel leben." (Wein

S. 97) Das Verborgene verleitet zu Lebensweisen, die dem Menschen schaden. Nur, was im Hellen, also vor anderen Menschen, ausgelebt wird und werden kann, ist ein aufrichtiges und deshalb wahrhaftiges Leben.

Deshalb gehört auch „[d]ie Kneipe [...] zu den wichtigsten Einrichtungen unserer Zivilisation" (Wein. S. 63), denn an diesem Ort werden Wunden geheilt, die dem Menschen in der Öffentlichkeit und durch die Regierung geschlagen werden (Vgl. Wein. S. 63). Die Kneipe wird hier nicht als der Ort des einsamen Versinkens inmitten vieler Isolierter verstanden und der Wein wird auch nicht nur als ein Getränk oder eine Art Alkohol verstanden, mit dem man sich betäubt. Vielmehr treffen sich hier die Gleichgesinnten, die gemeinsam den Genuss des Lebens feiern. Für eine Gesellschaft, in der Unterdrückung und Beschränkung herrscht, ist ein solcher Ort gelebter Menschlichkeit unabdingbar, um sich seines eigenen Mensch-Seins zu vergewissern und Werte zu pflegen, die in der Öffentlichkeit abhandengekommen sind.

Der festliche Rahmen ist also unabdingbar für Hamvas. Wir werden im letzten Abschnitt des dritten Kapitels darauf eingehen. Dabei spielt es keine Rolle, welchen Charakter das Fest hat, ob es ein öffentliches, religiöses oder auch ein privates Fest ist. Mit dem festlichen Rahmen verbunden ist ein auch noch so kleiner Ritus, der sich schon in der Wahl oder Festlegung von Zeiten zu erkennen gibt: „Der Natur des Weins entsprechend sind die Jahres- und die Tageszeiten zu wählen." (Wein. S. 87)

Durch einen kultivierten Umgang verleiht der wahre Weinkenner und Genießer dem Trinken die gebührende Würde. (Vgl. Wein S. 91) Dies geschieht also, indem er den richtigen Wein zur richtigen Zeit im richtigen Glas zum richtigen Essen in der richtigen Gesellschaft auswählt. Wer dies versteht, wer also Wein trinkt und ihn richtig genießen kann, der zeigt auch schon seine eigene Würde in einer bestimmten Haltung zum Leben: „[...] richtig Wein trinken kann nur, wer musisch erzogen worden ist, ständig Dichter liest, Musik wenigstens hört, wenn er selber keine macht, und sich an Bildern erfreut." (Wein S. 88) Der richtige Genießer ist ein Künstler, auch der Weinmensch wird zum Künstler. Er muss nicht unbedingt selbst als Künstler produktiv sein, aber er versteht jede Art von Kunst und weiß sie zu schätzen. Deshalb weiß er auch das Trinken in den richtigen, also künstlerischen, Rahmen einzubetten und das Ganze als Erlebnis zu zelebrieren. Letztendlich wirkt sich das bewusste Genießen von Wein auch im Alter aus, denn Hamvas stellt fest: „Wer sein ganzes Leben lang in der rechten Weise getrunken hat, ist im Alter gelöst und frei." (Wein S. 99)

Vielleicht ist die Einbettung des Weingenusses in einen zeitlichen, gesellschaftlichen und kulturellen Rahmen die wichtigste Lehre, die uns Hamvas mitgibt. Sie hebt heraus, dass der Wein kein Getränk als solches ist, sondern eine Geschichte und Kultur um sich gebildet hat, die mit jeden Schluck auch erfahren und verinnerlicht werden kann. Dazu gehört auch die Philosophie, die wie der Wein um Wahrheit bemüht ist. Die Wahrheit, die im Wein liegt, ist ebenso wie die philosophische Wahrheit von dem zeitlichen und kulturellen Rahmen abhängig, in dem sie hervortritt. Hier kann sie aber die Wahrheit der Stunde anzeigen.

1.3 „Den Wein neu denken"

Mit seiner *Philosophie des Weins* räumt Béla Hamvas alte und leider bis heute bestehende Vorurteile beiseite, die sowohl den Wein selbst als auch Sinnlichkeit und Leiblichkeit des Menschen betreffen. Die kurze Vorstellung seines Buches konnte verdeutlichen, wie schwierig diese Aufklärung ist, sind doch diese Vorurteile selbst bei denen noch tief verwurzelt, die sich durchaus der Sinnlichkeit und Sinnenfreude des Menschen zuwenden. Hamvas hat uns auch den Humor mitgegeben, der als beste Waffe gegen die Verächter der Sinnlichkeit und Kritiker des Weingenusses geltend gemacht werden kann.

Die Winzer haben im Alltag allerdings wenig zu lachen, gerade wenn es um die Bewertung und Vermarktung ihrer Erzeugnisse geht. Neben den üblichen Schwierigkeiten haben sie sich mit Verdikten aller Art auseinanderzusetzen, deren schlimmster die immer wieder erhobene Gleichsetzung mit Drogen ist. Von daher ist der Satz: „Wir müssen den Wein neu denken"[15], mit dem Jens Priewe in seinem Vorwort an die Leserinnen und Leser seines Klassikers *Wein – die große Schule* einen nicht näher genannten jungen Winzer zitiert, ein Grundsatz, der wohl zurecht so prominent platziert wird. Der Satz geht über die Bewertung und Vermarktung des Weins hinaus und trifft auch das zentrale Anliegen der Philosophie des Weins. Wein zu denken oder auch neu zu denken bedeutet, ihn auch zu einem Erlebnis werden zu lassen, bei dem die gesamte sinnliche, leibliche und geistig-geistliche Symbolik wieder eingebracht wird. Das heißt aber auch, den Wein auf alte und archaische Weise zu denken. Das „neu" ist auch eine Rückkehr zur kultischen Bedeutung des Weines und seiner Heiligkeit. Dabei muss „neu" mit dem verbunden werden, was junge Winzer zu einer solchen Aussage bringt, die stilgerechte Vermarktung des Weins als eines Genussmittels, das eine hervorragende Stellung als Lebensmittel und ihres gesunden, auch auf Nachhaltigkeit ausgerichteten Anbaus innehat.

Nun mag es vermessen klingen, ein alkoholisches Produkt als Lebensmittel zu bezeichnen und ihm dabei sogar eine zentrale Stellung zu geben, steht doch gerade der Alkohol immer wieder und teilweise auch zurecht im Visier der Bedenkenträger. Die Gefahr des Rausch- und Suchtmittels soll deshalb hier in unserem Text auch gar nicht ausgeblendet werden. Im Gegenteil muss sie bedacht werden. Sie ist sogar ein Teil der Bedeutung und herausragenden Stellung des Weins.

Gefahr ist immer dabei, wenn es um Genuss und Rausch geht. Die Gefahr ist ursprünglich sogar mit jedem Lebensmittel verbunden, weil es gejagt, erbeutet, gesammelt und nicht

---

[15] Priewe, Jens: Wein – die große Schule. München 2019, S. 7.

zuletzt auch auf seine Genießbarkeit hin erprobt und gekostet werden musste. Diese Vorgänge vor dem Essen und Trinken sind uns nur nicht mehr gegenwärtig, wenn wir heutzutage Lebensmittel im Geschäft oder auf dem Markt erwerben oder im Restaurant zu uns nehmen. Gerade dieser entfremdete oder nicht mehr bestehende Bezug zum Erwerb von Lebensmitteln ist aber das Fundament unseres Problems beim Umgang mit Essen und Trinken. Wir vergessen oder wissen gar nicht mehr, wo unsere Lebensmittel herkommen. Wir sehen zunächst nur, dass sie aus dem Regal im Supermarkt oder von den Ständen der Bauern auf dem Markt kommen. Jedes Lebensmittel hat aber einen längeren Weg zurückgelegt, bis es dorthin gekommen ist. Es hat somit eine Geschichte, die bei der Zustellung beginnt und in seine Ursprünge aus der Natur zurückreicht. Gerade dafür interessieren sich in letzter Zeit immer mehr Menschen. Dabei geht es nicht nur um die Unbedenklichkeit der Produkte, auch durch die Belastung durch Gifte, es geht auch immer mehr um einen fairen Handel und angemessene Wege bei Transport und Zulieferung. Die Geschichte der Lebensmittel, ihr Ursprung und die Zulieferung bis hin zum Konsumenten, sind immer wichtiger geworden. Sie stehen im Zusammenhang eines Konsumverhaltens, zu dem nun auch eine *Ethik des Essens und Trinkens* gefragt ist.

Es gibt schon Ansätze zu einer solchen Ethik der Ernährung, zum Beispiel der Versuch einer „Gastrosophie", wie sie von ihrem modernen Gründer Harald Lemke genannt wird.[16] Sie steckt aber noch in den Kinderschuhen, wie wir im nächsten Kapitel zeigen. Zu einer Ethik des Essens gehört nämlich auch eine Ethik des Trinkens und insbesondere eine Ethik des Weins, weil der Wein die Verkörperung des gesamten Lebens ist in allem, was es zu bieten hat: Geburt, Tod, Auferstehung, Töten, Lieben, Fressen und Gefressenwerden, Zerstörung, dazu die Gefahr des Rausches und der Sucht, die beides Ge-

---

[16] Lemke, Harald: Ethik des Essens. Eine Einführung in die Gastrosophie. Berlin 2007.

fahren des Lebens selbst sind. Der Wein wächst als Traube heran, wird geerntet, zermahlen, gärt, also verwest und wird zum Wein. Als Wein durchläuft er selbst wieder Adoleszenz, Alter und Tod und wird danach zum Rauschmittel. Dabei ist er Verlockung, Verführung, Gefahr und Zerstörung. Im Genuss und Rausch ist er Erlebnis eines Lebens zwischen Lust und Sucht, zwischen Wonne und Abgrund. Das alles muss eine Ethik umfassen.

Der Wein ist also ein gefährliches Lebensmittel mit „Risiken und Nebenwirkungen", er muss wie ein Medikament unter Anweisung getrunken werden. Von daher ist er wohl auch eine *Droge*, wenn damit der alte, also der medizinische Begriff des Heilmittels gemeint ist. Er ist also Lebensmittel und Heilmittel. Mit seiner Symbolik ist der Wein der Inbegriff des Lebens schlechthin. Wie das Brot gibt er den gesamten Lebenszyklus als Lebensmittel wieder und hat darüber hinaus berauschende Wirkung. Wir müssen also auch den Rausch neu denken und nicht nur seine negative und zerstörerische Seite herausheben. Das Leben selbst ist auch ein Rausch, eine Trunkenheit, die Grenzüberschreitungen und Entgrenzung überhaupt möglich macht. Ohne den Rausch würde das Leben auf der Stelle treten und gewissermaßen veröden.

2. Reflexionen des Weins

Reflexionen sind Spiegelungen, die etwas wiedergeben oder zurückspiegeln, wie ein Spiegel an der Wand. Reflexionen sind aber auch Rückführungen und Rückbindungen. Wir haben die Parallele zur Religion oben schon angesprochen. Reflexionen können aber auch etwas vorspiegeln. Eine Vorspiegelung wird meist als Täuschung verstanden, wenn dabei etwas Falsches zustande kommt. Allerdings gibt es Vorspiegelungen, die ein geradezu zentrales Element der Wahrnehmung darstellen, wenn sie die „Erscheinung einer Ferne, so nahe sie sein mag" spiegelt. Dieses von Walter Benjamin als *Aura*[17] bezeichnetes Phänomen zeigt sich im unmittelbaren Erleben, in den Erinnerungen und Geschichten und nicht zuletzt im Denken, wenn wir uns mit der Frage nach dem Sinn des Lebens konfrontieren. Hier sind Raum, Zeit und Kausalität noch nicht wissenschaftlich fixiert und auf Nähe gebracht, sondern noch mit den Vorspiegelungen der Ferne verbunden. Sie werden am Wein besonders deutlich. Er vermittelt die Aura von Raum, Zeit und Grund und ist dabei zugleich Genuss und Reflexion, zunächst im sinnlichen Erlebnis, dann in der Erinnerung und Wiederspiegelung des Lebens in seinen Kreisläufen von Leben und Vergehen und letztlich im Denken, bei dem der Wein zuletzt seine Einschätzung und Wertschätzung erfährt. Der Wein reflektiert das Leben in Raum, Zeit und Grund in umfassender und ursprünglicher Weise und ist dadurch im Laufe seiner Kulturgeschichte ein Symbol für das Leben selbst und seiner Schönheit und Fülle geworden.

---

[17] Siehe unten Abschnitt 2.1.3.

2.1. Erlebnis

Die kulturelle und religiöse Bedeutung des Weins verdankt er zunächst dem ‚sinnlichen' Zusammenspiel der Sinne, aber auch deren Überhöhung durch Herkunft, Landschaft, Terroir und deren Bedeutung. Sie verbinden sich zu der Aura, die einen Wein umgeben kann und seinen Wert bestimmt. Die konkreten Formen des Weins und seines Genusses hängen damit einerseits von der Verkostung und der Wahrnehmung durch alle Sinne ab, andererseits von der Verklärung durch die Aura des Weins, die durch die Zelebrierung, durch die Beschreibung des Weins und seine mediale Vermarktung hervorgehoben wird.

2.1.1 Konzert der Sinne

Wir gehen normalerweise von fünf Sinnen aus. Neben dem Sehen, das oft als oberster Sinn betrachtet wird, kommen Hören, Riechen Schmecken und Tasten dazu. Die Sinne ergänzen sich, was nicht gesehen wird, kann gehört, gerochen, getastet oder geschmeckt werden. Sie überlagern sich dabei auch. Für unser Thema kommt noch das Zusammenspiel der Sinne in einer *Synästhesie* hinzu. Auch das Übersinnliche spielt hier mit, damit werden wir uns ausgiebiger im dritten Abschnitt beschäftigen.

Die Sinnlichkeit ist umfassend für unsere Erfahrung. Das gilt auch für die sinnliche Erfahrung des Weins. Michael Broadbent spricht in seinem Klassiker zwar nur davon, dass „beinahe sämtliche Sinne" an der Prüfung des Weins beteiligt sind.[18] Im weiteren Verlauf seiner Überlegung gesteht er aber auch dem Gehörsinn eine wenngleich nur indirekte Rolle zu.[19] Wir müssen hier aber dem großen Weinkenner etwas widersprechen. Die Sinnlichkeit des Menschen ist integral, wenn ein Sinn ausfällt, wird er durch die anderen kompensiert. Das gilt

---

[18] Michael Broadbent: Weine; prüfen, kennen, genießen. Bern 2000, S. 105.
[19] A.a.O., S. 106.

grundsätzlich, beim Wein kommt hinzu, dass hier die Sinnlichkeit *zelebriert* wird. Dazu werden alle Sinne herangezogen. Ein Wein wird deshalb immer in einer bestimmten Umgebung getrunken, zu der auch die Klänge gehören, die also akustisch begleitet ist. Wenn diese Umgebung dazu noch festlich ist, kommt auch das Übersinnliche dazu. Neben dem *Visuellen*, dem *Olfaktorischen* und *Gustatorischen*, den wichtigsten Sinnen bei dem Weingenuss, ist auch das *Akustische* und *Haptische* und nicht zuletzt das *Spirituelle* an der Wertschätzung des Weins beteiligt. Das Übersinnliche ist also immer dabei oder es wird als fehlend bemerkt.

Ein Sinn für sich allein kann auch nicht bestimmend werden für ein Urteil. Wenn wir etwas sehen, dann sind alle anderen Sinne daran beteiligt, sogar der Geruchssinn, der Verachtete unter den Sinnesorganen. Jede Sinneswahrnehmung ist ein Konzert der Sinne. Es gibt Botschaften der Anziehung und Abstoßung anderer Sinne, die das Sehen beeinflussen. So wird der Geruch sogar die Grundlage vieler sinnlicher Genüsse, vor allem in der Liebe und Erotik. Umgekehrt „isst das Auge mit", wie es sprichwörtlich heißt. Aber auch die anderen drei Sinne sind beim Essen und Trinken beteiligt, auch das Gehör, das durch die Wahrnehmung von Eigen- und Fremdgeräuschen zur Erhöhung oder Abschwächung des Genusses beiträgt. Alle Sinne sind miteinander verbunden. Ein Sinn allein kann zwar ausschlaggebend für ein Urteil sein, es ist aber immer beeinflusst von der Beteiligung anderer Sinne, soweit sie nicht ausgefallen sind. Aber auch dann werden diese kompensiert. Die Sinnlichkeit ist ein Konzert oder eine Komposition aller Sinne. Die Grundlage eines ästhetischen Urteils ist damit ein Zusammenspiel der einzelnen Sinne, der Synästhesie. Sie findet auf einem Feld statt, das von Raum und Zeit bestimmt ist.[20]

---

[20] Wir versuchen das anhand einer Graphik im Anhang zu veranschaulichen.

Mit *Synästhesie* ist dabei nicht die normalerweise unter dem Begriff gemeinte Abnormität zu verstehen, dass Menschen z.B. Farben auch klanglich wahrnehmen. Das sind eigentlich extreme und teilweise krankhafte Auswüchse der Synästhesie. Zunächst ist Synästhesie die ganz normale, grundsätzliche Beteiligung aller Sinne bei Erlebnissen. Der Philosoph Hermann Schmitz hat das in seinem Buch über den *Gefühlsraum*, das er als „Kernstück"[21] seines *Systems der Philosophie* betrachtet, unter dem Begriff der *Atmosphären* analysiert.[22] Sie sind synästhetisch wahrgenommene Räume. Wir werden im dritten Abschnitt dieses Kapitels darauf näher eingehen.

Die Synästhesie bewirkt, dass etwas visuell Helles und Grelles auch akustisch als laut, haptisch und gustatorisch als scharf und olfaktorisch als beißend erfahren werden kann. Sie ermöglicht damit auch eine Stellvertretung der Symbole und Bedeutungen in den sprachlichen Formulierungen, wenn wir etwa von einem spitzen Ton oder einer lauten Farbe sprechen. Alle Sinne sind an einer Erfahrung mit beteiligt, auch wenn sie nicht die Hauptrolle spielen.

Die Intensität des Lichtes verändert z.B. die Wahrnehmung der anderen Sinne, des Geschmacks, Geruchs, aber auch des Befühlens. Ebenso nimmt ein permanenter, störender Ton Einfluss auf die anderen Sinne. Jede Wahrnehmung ist ein synästhetisches Erlebnis. Wenn dabei ein Sinn besonders herausgehoben werden soll, zum Beispiel ein Geschmackserlebnis, dann müssen auch alle anderen Sinne positiv daran beteiligt werden. Es hat keinen Sinn, nur auf einen Sinn zu setzen und dabei die andern zu vernachlässigen, wenn ein Erlebnis besonders herausgehoben werden soll. Es ist auch nicht zielführend, einen Sinn durch Ausschaltung anderer Sinne verstärken zu wollen.

---

[21] Schmitz, Hermann: Der Gefühlsraum. System der Philosophie, Band 3/2. Bonn 2005, S. XIV.
[22] Schmitz: Gefühlsraum, S. 98ff.

So ist es falsch, sich etwa bei einer Weinprobe die Augen zu verbinden oder die Ohren zuzuhalten, um sich besser auf den Geschmack zu konzentrieren, wie das manchmal versucht wird. Die Ausschaltung einzelner Sinne wird das Urteil immer verfälschen. Die Konzentration auf einen Sinn fördert nicht seine Intensität, sie führt zu einer Schwächung und Verzerrung des Urteils.

Das Geschmackserlebnis kann unterstrichen und herausgehoben werden, wenn die Umgebung dem Erlebnis angepasst wird. Die Atmosphäre, in der ein Wein genossen wird, ist damit ausschlaggebend für die Feststellung seiner Eigenheiten. Das wissen viele, die etwa ihren Urlaubswein mit nach Hause genommen haben und dort von ihm enttäuscht waren. Ein Wein gehört auch zu einer Landschaft, nur sehr gute Weine können auf Reisen gehen, aber auch dann brauchen sie zumindest ihre Geschichte, also einen sprachlichen Transport ihrer Atmosphäre. Der Wein hat die „Fähigkeit", „einen bestimmten Ort widerzuspiegeln", er „kann uns dieses Gefühl der Verbundenheit mit diesem Ort geben", wie Gisela Kreglinger ausführt.[23] Dazu trägt aber vor allem sein Umfeld bei. Gute Weine sind Erinnerungsträger, weil sie dieses Umfeld immer mit sich führen.

Ein Wein wird immer an einem bestimmten Ort getrunken, er bleibt dann auch mit dem Ort verbunden. Deshalb ist ein alter Weinkeller sicher ein passender Ort für eine Weinprobe, weil hier seine Geschichte nicht nur gesehen, sondern gerochen und gehört wird. Eine Weinprobe in einem hellen, lichtdurchfluteten Raum wird andere Sinne und Assoziationen erzeugen. Moderne Weinprobierstuben setzen heute eher auf solche Effekte, um das Visuelle stärker am Geschmack beteiligen zu lassen. Solche Räume heißen heute auch Vinotheken oder Degustationsräume. Viel Licht gibt dem Wein mehr Frische, es beeinflusst auch die anderen Sinne. Hell ist

---

[23] Kreglinger, Gisela H.: Damit dein Herz sich freut. Moers 2021, S. 56f.

ein sprachlicher Ausdruck eines gesehenen Eindrucks, des Visuellen, hell ist aber auch auditiv (ein heller Ton), es fühlt sich zugleich frisch an und ist damit auch taktil und gustatorisch (kühl). Als Frische hat das Helle auch einen taktilen und olfaktorischen Anteil, ein frischer Geruch wird in einem hellen Raum eher erfahrbar als in einem dunklen Keller. Hier wird das Urteil synästhetisch auf etwas Lichtes hingeleitet. Ein solches Urteil kann gezielt gestaltet werden, zumal das Helle und Frische auch jung, also für Jugend steht.

Beliebt sind aber auch Verkostungsräume, die beides verbinden und über Glasfenster neben der Landschaft auch noch einen Blick in die Keller gewähren, in denen dann natürlich schöne Barriquefässer stehen. Sie bieten also eine Wahrnehmung beider Welten. Vieles hiervon ist in modernen Vinotheken schon realisiert. Wichtig ist dabei nur, dass jeweils eine Ferne dargestellt ist, die mit dem Wein im Zusammenhang steht, sei es die helle Natürlichkeit oder seine Geschichte. Solche Erfahrungen werden schon vor dem ersten Schluck gemacht.

Dass frische, helle und junge Weine im Trend eines allgemeinen Jugendkultes liegen, zeigt zum Beispiel die Erfolgsgeschichte des Grauburgunders, der als heller und frischer Wein den schweren und plumpen, zumeist auch süßen Ruländer, wie er früher hieß, abgelöst hat. Es ist immer noch die gleiche Traube, und als Ruländer war dieser Wein auch sehr hochwertig, seine Trockenbeerenauslesen gehörten sogar zu den teuersten Weinen der Welt. Die Wende des Zeitgeistes und damit auch des Zeitgeschmacks brachte es mit sich, dass diese einstmalige Hochwertigkeit nicht mehr zählt. So wurde nach Vorbild des Pinot griggio versucht, aus dem Ruländer einen hellen und frischen Wein zu machen. Die Trendwende war verbunden mit einem völlig anderen Verfahren im Ausbau. Sie machte dann auch den neuen Namen notwendig.

Hell und frisch ist auch verbunden mit jung und spritzig. Auch das hat zu einer Trendwende hin zum jungen Wein geführt. Ursprünglich, und für Weinkenner immer noch, ist aber ein junger Wein an sich noch kein Qualitätsmerkmal. Weine müssen altern, damit sie zu ihrer Höhe gelangen. Deshalb ist das Alter der Reben bedeutsam. Alte Reben und alte Weinberge haben einen höheren Stellenwert, auch wenn es eigentlich nicht erwiesen ist, ob sie einen bessern Wein hergeben. Wenn Weine von alten Rebstöcken häufig besser sind, dann liegt das wohl eher an der besonderen Behandlung und Pflege, die ihnen zugemessen wird. Vor Jahren gab es sogenannte Jungfern-Weine, die als Besonderheit galten. Hier war es gerade umgekehrt. Aber auch diese Weine waren wohl nur besser, weil es nur wenige Trauben am Stock gab und sie besser behandelt wurden. Heute ist das keine Auszeichnung mehr, weil man erkannt hat, dass gerade das Alter wichtig ist. Aber das Alter ist sinnlich nicht feststellbar, es ist ein übersinnlicher Zusatz. Wir kommen im 3. Abschnitt darauf zu sprechen.

Da aber die Merkmale der Jugendlichkeit in den letzten Jahren auch die Weinwelt bestimmt haben, kann trotzdem von einer Umorientierung gesprochen werden. Sie betrifft die Vermarktung, damit sich auch die Jugend für den Wein interessiert. Für die Jugend ist Jugendlichkeit attraktiver, im Zuge einer Weinkultur wird der Geschmack mit den Weinen altern. Entscheidend dabei bleibt, dass es sich hier nur um einzelne Merkmale eines Sinnenkonzertes handelt, die sich im Laufe eines Lebens verschieben.

2.1.2 Verinnerlichung des Schönen

Die Offenbarung der Schönheit geht von den sinnlichen Eindrücken aus, die jeweils nicht nur das Objekt nach Aussehen, Geruch, Gehör, Geschmack und Gefühl einschätzen und charakterisieren, sondern es auch verinnerlichen. Die Verinnerlichung kann als eine Einverleibung verstanden werden. Dabei kommt es zu einer sinnlichen Verschmelzung, wie wir sie beim Essen und Trinken, aber auch bei der Erotik haben. Das Schöne wird gegessen oder getrunken, es wird also verinnerlicht. Dabei wird es zum Guten und Wahren. Gut ist das

Bekömmliche, das nicht nur schön aussieht sondern auch schmeckt und nahrhaft ist. Indem es nahrhaft ist, ist es auch wahrhaft. Das Schöne, Gute und Wahre sind Kriterien der Verinnerlichung, angefangen beim Essen und Trinken. Die Erotik hat ebenfalls diese Kriterien. Sie entzündet sich am Schönen. Das Schöne bleibt aber äußerlich, es bleibt unbefriedigend, wenn es nicht verinnerlicht wird.

Essen, Trinken und Lieben sind Formen der Verinnerlichung, sie sind auch die elementaren Bedürfnisse des Lebens überhaupt. In der menschlichen Erfahrung werden sie nach den Kriterien des Schönen, Guten und Wahren befriedigt. Wir können dabei einen Weg von der sensuellen Wahrnehmung im Konzert der Sinne über die Einverleibung hin bis zur geistigen oder spirituellen Erfahrung verfolgen.

Das Schöne, Gute und Wahre sind die Kriterien des elementaren Lebens, Kriterien also, die das bloße Überleben gewährleisten. Sie sind vor allem in der Philosophie und Theologie gebräuchlich und werden hier zu den sogenannten „Transzendentalien" gezählt. Die Transzendentalien werden verstanden als die „alles einzelne Seiende überschreitenden Eigenschaften des Seins."[24] Das Einzelne, das ein Bewusstsein von sich hat, ist sich nie das Genügende, weil es auch als Einzelnes das „Ganze des Wirklichseins"[25] ausdrückt. Jedes Einzelne mit Bewusstsein strebt deshalb über sich hinaus, es möchte sich übersteigen, transzendieren. Auch wenn die Transzendentalien hier ausschließlich einen geistigen Vorgang von Integration beschreiben, so sind sie schon bei den elementaren Bedürfnissen angelegt und vorgebildet. Das Wahre, Gute und Schöne beginnt beim Essen und Trinken. Nahrung und Liebe sind Wege der Integration, der Vervollständigung des Einzelnen zu einem lebendigen und trotzdem individuellen Teil der Natur. Dies geschieht durch Einverleibung im realen und übertragenen, also metaphorischen Sinn.

---

[24] Balthasar, Hans Urs von: Epilog. Johannes, Einsiedeln 1987, S. 37.
[25] v. Balthasar: Epilog, S. 38.

Der Fachbegriff für diese Art der Verinnerlichung ist *Introjektion*. Er findet sich in der Psychoanalyse und stellt eine symbolische Verschlingung des fremden Leibes vor. Der Begriff stammt von dem Sigmund Freud-Schüler Sándor Ferenczi, der ihn als Gegensatz zu Sigmund Freuds Begriff der *Projektion* geprägt hat.[26] Im Unterschied zu Freuds Begriff hat *Introjektion* aber nicht in den allgemeinen Wortschatz Einzug gefunden. Dabei ist der Begriff *Introjektion* mindestens genau so anschaulich und verwertbar, wenngleich Ferenczis Auslegung sehr eng an einem Krankheitsbild gehalten ist. Wie er feststellt, ist sich der Gesunde „seiner Introjektion bewusst"[27], was man ja bei der Projektion nicht sagen könnte. Es ist auch fraglich, ob Ferenczi in dem Punkt recht hat.

Aber auch wenn man diesem engen pathologischen Verständnis nicht folgt, so ist Introjektion eine zutreffende Beschreibung der symbolischen Verinnerlichung. Sie zeigt die Verschmelzung von Subjekt und Objekt im gustatorischen, erotisch-caritativen Verinnerlichen des Anderen. Dabei werden charakteristische Merkmale und Eigenheiten des Anderen übernommen. Die Introjektion ist auch die mehr oder weniger vollständige Nachahmung und Aneignung eines anderen, die bis zum Verlust der eigenen Persönlichkeit führen kann und in dem Fall natürlich ein Krankheitssymptom ausbildet. Im alltäglichen Umgang ist eine dermaßen innige Übernahme von Eigenheiten des Anderen aber völlig normal, vor allem dann, wenn eine Liebesbeziehung besteht. Liebespartner gleichen sich an. Sie haben sich, wie es heißt, „zum Fressen gern". Das ist kein Kannibalismus, jedenfalls was unsere Vorstellungen davon wären, sondern das ist die tiefste Form der erotischen, aber eben auch der caritativen Liebe, wie sie dann im Abendmahl und der Eucharistie zu Ausdruck kommt. In der Einladung zum evangelischen Ritus des Abendmahles wird

---

[26] Ferenczi, Sándor: Introjektion und Übertragung (1909). In: Schriften zur Psychoanalyse, Bd 1: Hg. Von Michael Balint. Frankfurt am Main 1982, S. 19.
[27] Ferenczi: Introjektion, S. 22.

vor der Austeilung von Brot und Wein Psalm 34, Vers 9 gesprochen: „Sehet und schmecket, wie freundlich der Herr ist".

Hier kommen wir kurz auf die schon erwähnte „Gastrosophie" und ihren Begründer Harald Lemke zurück. Es trifft nach wie vor das zu, was der Autor schon vor Jahren bemängelt und was ihn zu seiner Studie gebracht hat, dass das Essen philosophisch „systematisch vergessen oder sogar verachtet wird."[28] Aber der Autor hat auch etwas vergessen, und vielleicht verachtet er es auch, – den Wein und das Trinken alkoholischer Getränke überhaupt. Zwar kommt der Wein gelegentlich und vor allem im Kapitel „Zur Heiligkeit des abendlichen Mahls" zur Sprache, aber auch hier geht es ums Essen, um „Jesus essen".[29] Dabei verkennt der Autor die christliche Symbolik des Essens, weil er behauptet, man wäre besser beraten, „anstelle eines symbolischen Mahls ein wirklich gutes Mahl zu heiligen."[30] Natürlich führt das schnell zur Frage des Kannibalismus, von dem wir aber nur unsere europäische Sichtweise habe. Wir sollten uns also mit solchen Einschätzungen zurückhalten. Außerdem ist die Symbolik des Abendmahles keine abgespeckte Version eines echten Mahls, sondern es ist ein vollständiges und echtes Mahl.

In Lemkes „Ethik des Essens" lebt offenbar ein alter Streit um Stoff und Symbol oder Zeichen wieder auf. Dabei fehlen obendrein der Wein und seine eigene Symbolik, aber auch andere Getränke, vor allem alkoholische, was sein Projekt zu einer recht trockenen und nüchternen Angelegenheit macht.

Die gustatorische Verschmelzung in Form einer Introjektion findet sich natürlich auch beim Trinken und besonders beim Wein. Der Wein hat hier sogar eine herausragende Stellung, weil sich an ihm die Symbolik der Verinnerlichung religiös und philosophisch in besonderer Weise ausgebildet hat. Auch in der Medizin ist er bei weitem nicht verachtet. Neben

---

[28] Lemke: Gastrosophie, S. 12.
[29] Lemke: Gastrosophie, S. 84ff.
[30] Lemke: Gastrosophie, S. 88 und öfter.

dem gustatorischen Genuss und allem, was dazu gehört, gibt es beim Wein auch eine symbolische Verinnerlichung. Dabei steht die Liebe im Vordergrund, weshalb die eucharistische Verinnerlichung im Christentum auch eine solche Gewalt hat. Die Frage ist nur, inwieweit auch der profane Genuss des Weines diese Symbolik beibehält oder mitträgt. Zwar ist es so, dass der Wein ohne das Christentum nicht das wäre, was er heute ist, aber die Weinkultur hat sich davon weitgehend emanzipiert. Niemand denkt beim Weintrinken an den Leib und das Blut des Herrn, zumal die meisten diesen Zusammenhang gar nicht mehr kennen.

In der Weinsprache, also der Sprache der Winzer, Weinhändler, Sommeliers und Kritiker, sind aber Reste erhalten geblieben, die an die leibliche Symbolik des Weins erinnern. So ist etwa vom „Körper" des Weines die Rede. Ein guter Wein muss „Körper" oder auch „Fleisch" haben oder „sehnig" sein. Damit ist Volumen und Komplexität beim Geschmack gemeint. Diese Bilder finden sich nur beim Wein. Kein Bier, kein Schnaps haben Körper oder Fleisch aufzuweisen, auch kein anderes Lebensmittel, soweit es symbolisch beschrieben wird. Weitere Begriffe aus der Weinsprache deuten ebenfalls den leiblichen Hintergrund und eine Verbindung dazu an wie etwa Biss, Degorgieren, also Köpfen, Träne (Kirchenfenster), Kleid, Auge (Knospe), aber auch herb, (knochen)trocken, warm, weich. Bei genauem Hinsehen auf die spezielle Symbolik könnte man hier noch weiter fündig werden.

Von dieser Symbolik her ist es möglich, die Sinnlichkeit des Erlebens wieder und wieder, aber auch erstmals zu erfahren. Die cartesianische Ergänzung des rauschhaften Denkerlebnisses ist sprachlich oder wird über Sprache eingeholt. Dabei ist die Weinsprache besonders entwickelt und kann uns Vorbild sein, auch andere Lebensmittel wieder als Genussmittel zu erfahren. Die Sinnlichkeit ist eine gesamt-leibliche Verbindung zur Umwelt. Sie ist der Weg, die Welt nicht nur über das Hören und Sehen, sondern über das Schmecken, Riechen und Tasten, das vor allem mit dem Mund, (auch über das

Kauen und Schlucken), zu erfahren und im Genuss zu erleben und zu erhöhen.

Der Wein ist somit ein Protagonist für die Sinnlichkeit der Ernährung. Dabei ist neben seiner grundlegenden Symbolik auch die Reichhaltigkeit der Weinsprache ausschlaggebend. Der Weingenuss wird in der Weinsprache zum Ausdruck gebracht, die wiederum an der leiblichen Symbolik orientiert ist und damit den Genuss erhöht.

2.1.3 Übergang zum Übersinnlichen

Aura

Schon im letzten Abschnitt haben wir die Schritte des sinnlichen Übergangs von außen nach innen besprochen, jetzt kommen wir zu dem wichtigsten Schritt, dem Übergang zum Übersinnlichen, der die Aura deutlich werden lässt. Auch wenn das Übersinnliche topologisch oben angesiedelt scheint, ist es ist mitten unter uns, es umgibt uns und ist Teil der sinnlichen Wahrnehmung. Wir hatten schon angedeutet, dass neben den fünf Sinnen auch der sechste, die spirituelle Wahrnehmung, angefügt werden muss. Das lässt sich gerade am Wein deutlich machen. Man kann sogar sagen, dass der Wein einer der wenigen und exklusiven Gegenstände ist, an dem spirituelle Erfahrung des Übersinnlichen besonders gut verdeutlicht werden kann. Deswegen ist eine Philosophie des Weins auch eine Abhandlung über Spiritualität.[31]

Der Wein steht für eine Region, eine Gegend und ihr Terroir und damit für eine Landschaft mit ihren Menschen und ihrem Lebensstil. Er fängt diese ganze Atmosphäre von Landschaft, Menschen und ihrer Umgebung ein. Bei einer Atmosphäre handelt es sich um einen speziellen Raum, der diese Umgebung umfasst und darüber hinaus die Beziehung von Mensch, Landschaft und Lebensstil zu erkennen gibt. Dieser Raum ist kein geometrischer Raum, sondern ein *Ge-*

---

[31] Kreglinger: Gottesgeschenk, S. 11.

fühlsraum. Von diesem Begriff war oben schon die Rede.[32] Er bringt zum Ausdruck, dass Gefühle nicht nur im Innenleben des Menschen vorzufinden sind, sondern mit Atmosphären der Außenwelt korrespondieren und sich mit ihnen verbinden und in ihnen aufgehen. Gefühle sind also räumlich anschaubar, sie sind auch hörbar, fühlbar, schmeckbar und riechbar. Sie haben einen objektiven Status, wenn sie sich im Gefühlsraum verbreiten.

Im Unterschied zu einem geometrischen Raum hat der Gefühlsraum nicht die Dimensionen von Höhe, Breite und Tiefe, sondern die Dimensionen der Nähe, des Übergangs und der Ferne. An der Erfahrung des Gefühlsraums sind alle Sinne beteiligt. Nah sind die unmittelbar leiblichen, also am und im Leib gemachten Wahrnehmungen des Tastens und Schmeckens, weiter entfernt ist das Riechen und ganz weit das Sehen und Hören. Zwischen Nähe und Ferne gibt es einen Zwischenraum, der Nähe und Ferne trennt und zugleich wie ein Übergang zu verstehen ist. Die Übergänge wirken wie ein Filter oder eine Schleuse zwischen Nah- und Fernerfahrungen. Die Sinnesorgane nehmen damit den geometrischen Raum in seinen Dimensionen und Ausdehnungen wahr, allerdings messen sie ihn nicht aus, sondern bewohnen ihn. Menschen bewohnen eine Umgebung, also Landschaft oder ein Haus. Das Bewohnen ist mit Einrichtung und Inszenierung verbunden, es erzeugt dabei Atmosphären und ist ein „Verfügen über Atmosphärisches", wie Herrmann Schmitz es bezeichnet.[33]

Der Wein charakterisiert die Landschaft mit ihren Menschen und ihrem Zusammenleben und ist von daher ein Ausdruck für die Atmosphären, also dem Zusammenhang von Menschen und ihrer Umgebung. So konnte das Lied *Griechischer Wein* von Udo Jürgens eine gewisse Sentimentalität erzeugen, nicht nur bei den Griechen, die entfernt ihrer Heimat

---

[32] Siehe Abschnitt 1.1
[33] Schmitz, Hermann: Das Göttliche und der Raum. System der Philosophie, Bd. 3/4. Bonn 2005, S. 213.

arbeiten und leben, es erzeugte auch Fernweh und Reiselust bei denen, die keine Griechen sind. Griechen und Nicht-Griechen bewohnen den gleichen Gefühlsraum, wenngleich aus unterschiedlichen Beziehungen zu der Ferne, die den Wein wie eine Aura umgibt.

Wir wollen uns den Begriff der Aura einmal näher ansehen. Wie schon angedeutet, beziehen wir uns dabei auf Walter Benjamin und seine Definition. Benjamin geht es nicht um die esoterische und damit kaum nachvollziehbare Erscheinung eines Astralleibes mit Lichtkranz, sondern um die jedem Menschen mögliche Wahrnehmung von Ferne, wie wir das beispielsweise am *Griechischen Wein* von Udo Jürgens feststellen. Benjamins Definition der Aura als eine „einmalige Erscheinung einer Ferne, so nah sie sein mag"[34] findet innerhalb der sinnlichen Erfahrung statt und geht doch über sie hinaus. Sie ist eine Ahnung des nicht mehr Wahrnehmbaren bis hin zur Erfahrung des Übersinnlichen.

Die Erfahrung der Ferne ist deshalb widersprüchlich. Sie ist einerseits sinnlich, wobei die Ferne erkannt und auf Nähe gebracht werden soll, wie es beim Heimweh der Fall ist, sie ist andererseits übersinnlich, da alles entfernt bleibt und auch das Nahe fern ist oder ent-fernt wird wie beim Fernweh. Der Begriff der Entfernung wird hier in zweifacher Hinsicht verstanden und verwendet, als Weggehen, aber auch als Beseitigen, wenn etwa ein Fleck entfernt wird.[35] Der Begriff Entfernung drückt demnach die widersprüchliche Erfahrung von Ferne aus.

Gerade weil der Mensch bei jeder Erfahrung eine „Tendenz auf Nähe"[36] hat, um alles in greifbare Nähe zu bringen, ist die Aura ein entscheidender Zusatz im Zusammenspiel der

---

[34] Benjamin, Walter: Das Kunstwerk im Zeitalter seiner technischen Reproduzierbarkeit. Frankfurt am Main 1963, S. 15.
[35] Diese Doppeldeutigkeit der *Ent-fernung* hat Martin Heidegger philosophisch herausgearbeitet in: Sein und Zeit. Tübingen 1967, S. 105f.
[36] Heidegger: Sein und Zeit, S. 105.

Sinne. Die Ferne muss hinzukommen, damit ein Raum als Gefühlsraum bewohnbar wird und bleibt. Dabei wird die Ferne auf Nähe gebracht, sie wird Teil des Bewohnens, ohne dass sie als Ferne aufgelöst wird. So kann jeder Wein, nicht nur der „griechische" im Lied von Udo Jürgens in einen Gefühlsraum mit Ferne und Nähe hineingestellt werden. Wichtig dabei ist, dass nicht nur diese Dimensionen, sondern auch Grenzen und Schwellen erkennbar sind, die nah von fern trennen. Nur dadurch kann es zu einer Spannung zwischen den Dimensionen kommen. Eine Aura ist nicht erkennbar, wenn Nähe und Ferne zusammenfallen, wenn die Ferne entfernt und auf Nähe gebracht wird.

Schwelle

Damit diese Ferne auch entfernt bleibt, wird ein Zwischenraum und ein Übergang inszeniert oder konstruiert, der zwischen Hier und Dort liegt. Lebensräume stoßen deshalb niemals nahtlos aneinander wie geometrische Räume, sie brauchen Zwischenräume, eine Art Niemandsland, wie ja früher auch die *Marken* als Grenzräume und Niemandsland zwischen den Ländern gedient haben. Diese Varianten der Einfriedungen und ihrer Filter haben oft nur eine Zeichenfunktion, so dass auch etwa niedrige Zäune, Büsche, Blumen und dergleichen als Abgrenzung dienen, obwohl sie eigentlich keine realen Begrenzungen darstellen.

Die Schwellen sind nun verschiedener Art. Neben den natürlichen geographischen Grenzen gibt es konstruierte räumliche Begrenzungen, etwa durch eine „Umfriedung" einer Wohnung wie Hermann Schmitz dies bezeichnet. Sie „gewährt abhebend und schirmend die Möglichkeit des Wohnens inmitten der maßlosen Weite des Gefühlsraumes, und andererseits gehört sie gerade noch als Rand zum Draußen, wogegen sie die Wohnung abhebt."[37] Diese schon übersinnliche „Zweischneidigkeit" von Schwellen findet sich in allen Lebensräu-

---

[37] Schmitz: Das Göttliche, S. 245.

men. Sie sind nicht nur ein Teil unserer Wahrnehmung, die sie maßgeblich beeinflussen, sie stellen auch Ansprüche an die Handlung. Schwellen werden beachtet, ignoriert oder bewusst überschritten.

Zu einer Verkostung gehört damit die unmittelbare, aber auch die weitere Umgebung hinzu. Verkostungen mit verbundenen Augen, vielleicht noch in einer unwirtlichen Umgebung, lassen die Sinnlichkeit des Weines nicht zur Entfaltung kommen. Sie können nur einzelne Elemente erfassen, es fehlt aber die Synästhesie. Hier ist das gesamte Konzert der Sinne gefragt, bei dem alle Sinne mitspielen: die umfassende Wahrnehmung des Weines in der unmittelbaren Umgebung, in der der Wein getrunken wird, der Keller, das Weingut, die Landschaft. Dazu kommt, dass diese Räume voneinander abgetrennt sind und doch zusammen wirken. Wird das Sehen ausgeschaltet, dann wird die Ferne entfernt. Da wäre es vergleichbar, den Geruch auszuschalten, indem man sich die Nase zuhält. Das wird bei einer Weinverkostung normalerweise nicht gemacht. Natürlich kann man sich auf diese Weise vielleicht auf bestimmte Sinneserfahrungen, etwa die Salzigkeit des Weins, konzentrieren, aber der Wein ist ein Gesamtkunstwerk, dem durch solche Abstraktion nicht beizukommen ist. Durch das Ausschalten einzelner Sinne wird nicht nur der Zusammenklang gestört, es wird auch die Beziehung von Nah- und Fernwahrnehmung ausgeschaltet.

Dieser Zusammenhang kommt zu dem Sinnenerlebnis dazu und bildet seine Aura. Sie steht für die Nähe, die eine Ferne zulässt, ohne dass die Ferne entfernt wird. Dies geschieht beispielsweise dann, wenn der Wein dort verkostet wird, wo er gewachsen ist. Hier kann das eine für das andere stehen: die (räumliche) Nähe des Terroirs kann zur (auratischen) Ferne des Genusses werden, es wird aber auch die Nähe des (sinnlich erfahrenen) Genusses durch die (zeitliche) Ferne der Geschichte eines Jahres auf diesem Terroirs ergänzt.

Wichtig dabei ist die Schwelle, damit die Spannung zwischen Nähe und Ferne erhalten bleibt, damit das Sinnliche und das Übersinnliche zusammen kommen kann. Es ist demnach ein Irrtum, die Ferne dadurch einzuholen, dass man beispielsweise am *Montrachet*, dem vielleicht teuersten Weinberg der Welt, bloß hin- und her schlendert, ohne dabei etwas zu verkosten. Ein solcher Versuch wird zu keiner bedeutsamen Erfahrung führen, auch wenn das Flair des Namens als ‚Geist' über den Schollen und über den Reben schwebt. Direkt besehen ist es aber ein Weinberg wie (fast) jeder andere. Soll es zu einer Verbindung von Sinnlichem und Übersinnlichem kommen, muss die Unmittelbarkeit des Terroirs durch eine Verkostung des Weins ergänzt werden, der hier gereift ist und die Geschichte seines Jahrganges, darüber hinaus aber die des Weinbergs überhaupt einbringt.

Diese Ferne kann durch die bloße Naherfahrung nicht eingeholt werden. Es gehört eine Schwellenerfahrung und die Überschreitung vom Sinnlichen zum Übersinnlichen dazu. Der Wein wird dabei in eine Umgebung hineingestellt, die das Sehen, Hören, Riechen, Schmecken und Tasten mit seiner Geschichte ergänzt. Deshalb sind Weinproben mit Begehungen in Form von Ausflügen in die Weinberge und zu den Reben, von denen der Wein stammt, so beliebt. Früher boten sich dazu auch die Weinkeller an, die aber mittlerweile sehr technisch eingerichtet sind und an Fabriken erinnern, so dass sie keine Aura mehr haben. Aber wo immer noch so ein alter Keller zu finden ist, bekommt er natürlich auch diese Bedeutung einer Fernerfahrung.

Die Annäherung ist die Reise zum Terroir (oder in den Keller), sie ist aber zugleich eine Distanznahme, weil die unmittelbare Sinnlichkeit der Verkostung auf die Geschichte des Weins, seine Entstehung, der Reife und Ernte vergangener Jahre verweist. Es ist wie eine Heimkehr nach einer langen Reise. Alles ist so, wie es einst war, und doch ist es nicht mehr das gleiche. Die Wiederbegegnung des Weines mit seinem Ursprung ist somit ein sinnliches Erlebnis, das auf übersinnlichen Bezügen und Assoziationen beruht.

Die Schwellenerfahrungen sind damit nicht nur räumlicher, sondern auch zeitlicher Art, ein „Gespinst aus Raum und Zeit" wie Walter Benjamin auch zu Aura sagte.[38] Zwar ist ein solches „Gespinst" eine durchaus schwierige Vorstellung, am Beispiel einer Wein-Verkostung wird es recht deutlich, was an der Besonderheit dieses ‚Gegenstandes' liegt. Als ein Produkt der Natur ist es bis zu einer Delikatesse von höchsten Maße kultiviert worden und bewahrt diese Geschichte in sich. Die allgemeine Geschichte verbindet sich mit der persönlichen zu diesem Gespinst, das Teil des sinnlichen Erlebnisses bei der Verkostung wird.

Aufstieg

Mit dem Überschreiten der Schwelle treten wir auch in einen Raum der Geschichten und der Geschichte ein, der Teil des Gefühlsraums ist. Wir wollen diesen Übergang als Aufstieg kennzeichnen, weil es der Begriff vom Über-sinnlichen nahelegt. Jeder Aufstieg zum Übersinnlichen ist eigentlich ein Abstieg in die Geschichte, in die konkreten Geschichten um den Wein herum, der gerade getrunken wird, aber auch in die umfassendere Geschichte des Weinbaus überhaupt.

Es ist also ein Abstieg in die Vergangenheit und, wenn wir dann zur Mythologie des Weins kommen, in das Reich der Toten, deren Wirken aber immer präsent bleibt, gerade wenn es um ein solches Handwerk wie die des Winzers und der Winzerin geht. Diese Präsenz längst vergangener Zeiten und Werke haben wir eigentlich überall, sie ist aber nicht bewusst und kann durch das Überschreiten von Schwellen, wie wir sie angedeutet haben, deutlich gemacht werden. Wir bringen dann die Zeiträume der Vergangenheit direkt in die Gegenwart ein. Eine Weinverkostung kann so zu einer Zeitreise werden, die nicht nur die alten Jahrgänge besucht, sondern im Zusam-

---

[38] Benjamin, Walter: Kleine Geschichte der Fotographie. In: Das Kunstwerk im Zeitalter seiner technischen Reproduzierbarkeit. Frankfurt am Main 1963, S. 57.

menhang mit dem Terroir und dem Keller tiefer in der Vorgeschichte hinabsteigt und sie lebendig werden lässt.

Der Wein wird so zum Zeugen einer vergangenen Zeit. Deshalb können alte Jahrgänge zu persönlichen oder allgemeinen Denkmälern werden, sie erinnern an Geburtstage oder andere Jubiläen, an geschichtliche Ereignisse und vieles mehr. Neben dem persönlichen oder geschichtlichen Denkmal wird auch das Erntejahr selbst zu einem Denkmal, wenn es sich um ein besonderes Jahr handelt. Die Jahrgänge spielen von ihrer Qualität her immer eine Rolle, da es nun einmal sehr gute, durchschnittliche und schlechte Jahrgänge gibt. In manchen Jahren wird aber aus einem Jahrgang einen Mythos. So hat ein 59er als einer der besten oder gar der beste Jahrgang des 20. Jahrhunderts eine ergreifende Bedeutung für fast jeden Weinkenner.

Dabei spielt es eine untergeordnete Rolle, wie gut der Wein erhalten ist. Eine Verkostung alter Weine kann durchaus zu einer gustatorischen Enttäuschung werden und bleibt doch ein einmaliges Erlebnis. Legendär geworden ist die Weinprobe von Hardy Rodenstock im September 1998, bei der er die Elite der Weinsachverständigen, der Kenner und Liebhaber, aber auch viel Prominenz, zu einer Probe des Château d'Yquem eingeladen hatte, eines der besten Weingüter der Welt und bekannt für seinen Süßwein. Dabei ging es durch die Jahrhunderte zurück bis zu Weinen aus dem 18. Jahrhundert. Mario Scheuermann war dabei und berichtete darüber.[39] Hier wurde der Wein als Zeitenträger in allen Formen gefeiert und ausgekostet.[40]

Ein Aufstieg vom Sinnlichen zum Übersinnlichen gibt es aber nicht nur durch die Reise in die Vergangenheit, ein solcher Transfer ist auch im gegenwärtige Erleben möglich. Auch hierbei wird eine Schwelle überschritten. Dabei handelt es sich um den Anlass des Weintrinkens. Den braucht es eigentlich

---

[39] Scheuermann: Wein und Zeit, S. 10ff.
[40] Der Spiegel. Ein Duft von Kardamom und Malz. Ausgabe 38/1998, S. 136ff.

immer, er ist eine unbedingte Voraussetzung. Natürlich ist es möglich, Wein einfach nur als Getränk zu verwenden. Allerdings besteht hier die Gefahr von Alkoholismus und Sucht. Wein steht immer in Verbindung mit einem Fest und sollte am besten bei einer Feier getrunken werden, und sei es nur die tägliche Mahlzeit. Auch sie braucht ein Gedenken elementarer Schuld, wie wir im nächsten Abschnitt noch weiter ausführen werden. Diese tieferen Zusammenhänge können eine Sucht befördern und verstärken, wenn der feierliche Anlass nicht gewährt oder zugelassen wird. Der Wein ist und bleibt mit einer Feststimmung und sogar mit einem Opfer verbunden, wie wir im nächsten Abschnitt zeigen werden.

Der Wein gehört zu einem Fest, nicht nur, weil mit dem Wein etwas gefeiert werden kann, sondern weil der Wein als Gedächtnis zu einer Feier gehört. Diese tiefere Verbindung ist im Wein angelegt. Er kann also nur scheinbar davon losgelöst werden. Im Wein wird dem Leben als einem Nehmen und Geben gedacht. Wein, Leben und Fest gehören zusammen.

Dieser Zusammenhang von Nehmen und Geben ist in den Religionen, die den Wein zelebrieren, auch gut wiederzuerkennen. In unserer Kultur reicht das bis zu den Griechen und Ägyptern zurück, aber wahrscheinlich sind das nicht die ersten Anfänge dieser kultischen Verbundenheit. Hierbei geht es um den Triumpf des Lebens, also den Triumpf, zu leben, das Leben empfangen zu haben und es fortzupflanzen. Es ist auch der Triumpf der ewigen Wiederkehr des Lebens. Dieser Zusammenhang strahlt auf alle Feste aus, die wir heute auch zu profanen Anlässen feiern. Wo immer das Leben gefeiert wird, ist der Anlass religiös, auch wenn keine bekennenden Religionen oder Kirchen im Spiel sind. Es geht also um die Heiligkeit des Lebens selbst, die im Fest gefeiert und mit Wein zelebriert wird.

Der Triumpf der ewigen Wiederkehr macht den Wein somit auch zu einer Angelegenheit der Zukunft. Er steht im Zusammenhang mit Lebensfreude, Erotik, Sexualität und Fortpflanzung. Damit eröffnet er den Raum zu den kommenden Geschlechtern. Er ist durch den Alkohol unmittelbar anregend, er ist aber auch ein Symbol der Fruchtbarkeit und damit ein Aphrodisiakum realer, und symbolischer Art. Auch hierbei haben wir einen Übergang vom Sinnlichen zum Übersinnlichen. Das Übersinnliche ist kein Gegensatz zum Sinnlichen, es ist ohne das Sinnliche nicht zu haben. Ebenso braucht das Sinnliche das Übersinnliche, es braucht die Sehnsucht, die Ferne in den räumlichen und zeitlichen Dimensionen des Vergangenen, Gegenwärtigen und Zukünftigen. Wir können sie nicht vereinnahmen, sondern nur in Erinnerungen, Erzählungen, aber auch durch Analogien in den Beschreibungen, etwa der Weinbeschriebe, und nicht zuletzt durch die Feier, das Fest und die Erotik oder grundsätzlich durch die Kunst zugleich nahbar und unnahbar machen. Gerade dadurch bekommt das Sinnliche eine noch viel intensivere Gestalt als es im direkten Erleben möglich ist.

2.2. Erinnerung

Der Wein ist auch in vielen Kulturen der Inbegriff von Leben, Sterben, Tod und Auferstehung. Diese geradezu kulturtragende Bedeutung hängt mit seiner Verwandlung zusammen. Der Wein durchläuft ja alle Abschnitte von Blüte, Frucht und Ernte, seine eigentliche Lebensphase als Getränk und Lebensmittel beginnt aber erst nach der Ernte und Vergärung. Seine Lebenszeit als Frucht der Rebe ist nur ein Vorspiel. Nach der Ernte reift er in Bottichen, Fässern und Flaschen zu dem Produkt heran, an dem wir erst seine Qualitäten am Jahrgang, Rebsorte, Terroir und vieles mehr festmachen. Der Wein führt also ein Nachleben, in dem er alles zum Ausdruck bringt, was er in seiner Lebenszeit als Traube werden konnte. Gerade dieses Nachleben nach dem Tod macht ihn auch zu dem einzigartigen Symbol von Tod und Auferstehung. Von daher war und ist er ein Symbol für die Phasen des Lebens und ein Inbegriff des sinnlichen Lebens. Die Gegenwart alles

Gewesenen und Toten im Jetzt und Hier ist seine zweite Reflexion, die der Geschichte und ihrer Erinnerung.

2.2.1 Der Wein als Symbol von Leben, Tod und Auferstehung

Die Aufwertung des Weins zu einem religiösen Symbol hängt damit zusammen, dass seine eigentliche Phase als Getränk erst nach der Ernte, also nach seinem Tod beginnt. Dies hat er mit dem Brot gemeinsam. Brot und Wein sind sowohl Lebensmittel als auch sakramentale Zeichen für Schuld und Sühne, wenn ihr Verzehr an diese Bedeutung erinnert, wie das etwa in den Opfermahlzeiten geschieht. Van Gennep weist in seiner Studie über *Übergangsriten* darauf hin, dass solche Opfermahlzeiten *Angliederungsriten* sind. „Das gemeinsame Mahl bzw. der Ritus des gemeinsamen Essens [...] ist eindeutig ein Angliederungs- bzw. Binderitus im körperlichen Sinne und als ‚Sakrament der Kommunion' bezeichnet worden."[41] Die Mahlzeit als innigste Verbindung mit dem Stoff wird in der symbolischen Verspeisung der Vorfahren, insbesondere des Stammvaters und Helden zur Verinnerlichung seiner Geschichte. Damit wird die Nahrung als Zeichen der profanen Erhaltung auch zum Symbol der Erhaltung des Heils und ist Zeichen der körperlichen und geistigen Erneuerung. Hierdurch vollzieht sich das Wunder, dass das Opfer zur Regeneration wird, die Hingabe also mit Erneuerung belohnt wird.

Er ist damit das Symbol sowohl für das Lebens als auch für die Auferstehung und Wiedererweckung des Lebens. Bei der Auferstehung des Weins ist nicht an einen Wiedergänger zu denken, sie ist auch nicht als bloße Wiederholung gemeint, sondern als eine Art der Erinnerung des Lebens auf einer anderen und wie wir gesehen haben übersinnlichen Ebene. Das Getränk erinnert in erster Linie an das Jahr des Wachstums. War es ein gutes Jahr, dann schlägt sich das in der Qualität des Weins nieder. Die Weine werden so zu Denkmälern besonde-

---

[41] Van Gennep, Arnold: Übergangsriten. Frankfurt am Main 1999, S. 37.

rer Jahre auch umgekehrt, wenn die Ernte schlecht ausfiel. In dieser Rolle, Denkmal zu sein wird der Wein ja auch im festlichen Umgang gebraucht und entfaltet seine spirituelle Bedeutung.

Wie Mario Scheuermann in seinem Band *Wein und Zeit*, eine Anspielung auf Martin Heideggers Hauptwerk *Sein und Zeit*, herausstellt, hat und braucht der Wein Zeit: „Wein ist Zeit", wie Scheuermann sagt.[42] Der Weinjournalist Ralf Frenzel hat aus „Wein und Zeit" eine Rubrik in seiner Zeitschrift *FINE – das Weinmagazin* gemacht.[43] Der Wein sammelt die Geschichten seiner Herkunft aus Landschaft, Nation, Heimat und Familie und bringt sie mit seiner eigenen Geschichte der Reifung ein. Da Geschichte nur über Geschichten überliefert werden, die erzählt werden, leben auch die Geschichten des Weins in solchen Erzählungen.

Die Auferstehung in der Bewahrung und Erzählung gilt für den Wein insgesamt, nicht nur für Einschränkung auf die „Edelfäule", die Michel Onfray zum Inbegriff der Auferstehung deklariert hatte: „Die Fäule ist deshalb edel, weil sie aus dem Tod eine Auferstehung macht; unedel, also als Graufäule, würde sie sich damit begnügen, den unausweichlichen Nihilismus sichtbar zu machen"[44] Onfray möchte mit dieser Aussage eher seine aristokratische Gesinnung zeigen, ohne einen sachlichen Beitrag zu diesem Thema zu geben. Natürlich sollten verdorbenen Trauben möglichst nicht gelesen werden, allerdings ist gerade die Graufäule *Botrytis* die Grundlage für die Edelfäule, wie jeder Winzer weiß.

Das Wunder von Leben, Tod und Auferstehung wird in einem Symbolkreis abgebildet, zu dem auch andere Lebensmittel gehören neben dem Brot, das durch seine Vergärung dem Wein am nächsten steht, auch Honig und Öl dazu. Der Honig dient als Gärzusatz für Brot und Wein. Als Inbegriff

---

[42] Scheuermann, Mario: Wein und Zeit. Stuttgart 2007, S. 115.
[43] FINE – Das Weinmagazin. Hg. v. Ralf Frenzel im Tre-Torri Verlag. Wiesbaden 2008ff.
[44] Onfray: Theorie des Sauternes, S. 84.

des ‚Lebenserweckers' ist er in vielen Kulturen heilig und wird als „Nektar" oder „Ambrosia" bezeichnet, die beides „Todesüberwinder" bedeuten und damit die Unsterblichkeit andeuten. Ihre Etymologie macht auch deutlich, dass es sich weniger um das heutige Verständnis eines ewig weiter geführten individuellen Lebens handelt, als vielmehr um die Überwindung des Todes.[45] Auch das Öl wird als *Lebenswasser* verstanden und gehört zu den Symbolen, die zugleich Grundnahrungsmittel und – wegen der dem Wein analogen Form der Gewinnung durch Pressen – Opfer sind. Alle sakramentalen Lebensmittel erinnern daran, dass Ernährung allein durch den Tod und damit nur durch ein gegenseitiges Opfer möglich ist.

Der Wein ist also eine Opfergabe und steht mit dieser Bedeutung in einer Reihe, die bis zu den archaischen Menschenopfern zurückreicht. Solche Opfer gehen von Schuld aus und sind immer Dankesbezeugungen der Menschen gegenüber solchen Wesen, von denen sie glauben, ihr Leben erhalten zu haben und es mit ihrer Hilfe weiter erhalten zu können: den Ahnen, den Göttern, Gott oder der Natur in persönlicher oder wie heute: in anonymer, physikalischer Erscheinung. Der Dank drückt sich in einer realen oder symbolischen Rückgabe aus. Dabei geht es um einen Tausch von Leben gegen Leben. Das ist auch der Grund für die Grausamkeit vieler Opferkulte, gerade in früheren Kulturen. Aber wenn es um diese Schuld des Lebens geht, waren und sind immer noch Menschen bereit, ihr Bestes zu opfern. Von daher waren die Opfer immer übermäßig.

Das hat auch zu den Beschränkungen bei den Opfern geführt wie bei der Talion, in der ein Gleichmaß der Opfer gewahrt wurde, also *Auge um Auge*. Der Tausch sollte gerecht sein. Doch diese Praxis verliert sich immer mehr, es kommt zu Ersatzformen. Hierbei scheint die Gegengabe immer billiger zu werden. Zunächst sind es Tieropfer statt Menschenopfer,

---

[45] Rech, Photina: Inbild des Kosmos. Eine Symbolik der Schöpfung. Salzburg 1966, Bd. 2, S. 245.

dann wiederum nur die geringerwertigen Teile der Tiere wie Knochen oder Fett. Zuletzt ist die Gegengabe ein Opfer von Pflanzen und Gemüse wie bei unseren Erntedankfesten und am Ende sind es nur noch Dankesgebete. Dabei ist die ursprüngliche Bedeutung des Opfers als Gegengabe in den Hintergrund getreten. Das heißt aber nicht, dass sie verloren gegangen wäre.

Auch der Wein hat die Eigenschaft, an die ursprüngliche Bedeutung des Opfers als Tausch von Leben gegen Leben zu erinnern. Sie haben sich in Mythen und Geschichten rund um den Wein bewahrt. Dabei geht es um reale oder fiktive Geschichte von Heldentaten, die zu einer symbolischen Geschichte aufgewertet wurden. Auch der Wein ist in Verbindung mit Helden gebracht oder, wie bei Dionysos, selbst zum Helden stilisiert worden. Er steht bis heute an erster Stelle aller Opfergaben von symbolischen, also stellvertretenden Opfern. Dies ist in erster Linie seiner Vielfalt als Weinstock, Rebe, Frucht, Most und Wein zu verdanken. Dazu kommt seine Verwandlung, seine Metamorphose, die auch zu einer Metapher von Leben, Tod und Auferstehung geworden ist.

Als Symbol der Auferstehung hat der Wein lange schon vor dem Christentum eine religiöse Bedeutung in der griechischen Dionysos-Religion und den daraus hervorgehenden etruskischen (*Fufluns*) und römischen Gottheiten (*Bacchus*) gehabt. Schaut man in der Geschichte zurück dann waren in Griechenland die Weinfeste die bedeutendsten Festtage des Jahres. Sie wurden als die sogenannten kleinen und großen Dionysien (*Lenäen* und *Anthesterien*) gefeiert und galten der Verbindung des Weins und seiner Reifung mit dem Abschluss das alten und dem Beginn neuen Lebens im Frühling. Sie waren also Frühlingsfeste, die nicht nur die neue Vegetation begrüßten, sondern die auch der Öffnung der Fässer und dem erstmaligen Ausschenken des neuen Weins vom Vorjahr gewidmet waren. Wie die Altertumsforscher nachweisen, waren diese Zeremonien symbolisch hochgradig aufgeladen, weil es zugleich auch Feste zur Verehrung der Toten waren.

Der Altertumsforscher und Religionswissenschaftler Ludwig Deubner etwa führt das in seinem zum Klassiker gewordenen Grundwerk zu den attischen Festen aus: „Der Haupttag der Anthesteria, die Choen, verbindet den Kult des Dionysos und den der Toten. Der erste Tag, die Pithiogia, gilt nur dem Dionysos, der dritte, die Chytren, nur den Toten. Die Pithiogia sind, wie der Name anzeigt, das Fest der Fassöffnung."[46]. Auch der Altphilologe Walter Friedrich Otto weist in seinem bis heute maßgeblichen Buch *Dionysos*, darauf hin, dass „die beiden Kulte, der der Toten und der des Dionysos innerlich zusammengehörten und im Grund nur einen einzigen ausmachten.[47]

Zwar steht der neue Wein für das neue Leben, doch ist bereits für das griechische Denken das neue Leben mit dem Tod des alten Lebens unmittelbar verbunden. Leben entsteht mitten aus dem Tode. Das ist auch beim Wein der Fall. Die Traube wird geschnitten und vergoren, sie durchläuft also alle Stationen des Sterbens und der Verwesung. Dabei entsteht aber neues Leben, der Wein. Diese Wandlung hat er mit dem Gott Dionysos gemeinsam. Er ist das Kind seiner sterblichen Mutter *Semele* und des Göttervaters *Zeus*, ist also zugleich Mensch und Gott. Wie der Wein wird Dionysos zweimal geboren, er stirbt, wird zerrissen und wird wieder vom Tode erweckt. Wie der Wein vereint und versöhnt sein Leben den Widerspruch zwischen Leben und Tod.

Das Fest zu Ehren von Dionysos hatte also, wie viele heiligen Feste, mehrere Bedeutungsschichten, die trotz und gerade wegen ihrer Gegensätzlichkeit als Fest des Lebens und des Todes verbunden werden konnten. Mit der Verbindung von Leben und Tod wurde die Kontinuität des Lebens gefeiert, aber auch, wie man sagen kann, in magischer Weise hergestellt. Die Magie beruht aber allein darin, dass Tod und Leben nicht nur in der Natur und durch den Vegetationszyklus mit-

---

[46] Deubner, Ludwig: Attische Feste. Darmstadt 1962, S. 94.
[47] Otto, Walter Friedrich: Dionysos. Frankfurt am Main 2011, S. 106ff.

einander verbunden sind, sondern dass sie auch im menschlichen und gesellschaftlichen Leben durch die gemeinsame Geschichte eine Einheit bilden und zusammengehören. In der modernen westlichen Welt ist diese Einsicht weitgehend verloren gegangen. Wir sehen nur die Gegensätze und den Abgrund zwischen Leben und Tod ohne das Band der Geschichten, in denen alles Tote weiterlebt. Diese Sichtweise wird aber mit einer großen Angst vor dem Tode und einem diffusen Schuldkomplex bezahlt. Uns fehlt die gestiftete Einsicht in die Unvergänglichkeit des Lebens und die damit verbundene Relativierung des Todes. Sie hat im alten Griechenland und damit am Beginn unserer europäischen Kultur noch bestanden. Hierbei spielte der Wein eine wichtige Rolle. Er ist damit gleichsam ein Ursymbol für die Verbundenheit von Leben und Tod.

2.2.2 Der Wein als tragisches Opfer

Die Dionysien, die Feste zu Ehren des Gottes Dionysos, feierten diese Verbundenheit mit dem Tod in der *Tragödie*, die als Höhepunkt dieser Feste galt. *Tragödie* heißt übersetzt der *Bocksgesang* oder *Gesang aus dem Anlass des Bockes*. Dabei geht es um die Nennung des Opfertiers. In der Antike war das zumeist das Rind, insbesondere der Stier. Man denke nur an die Bedeutung des Stieres in Kreta, aber auch sonst im antiken Griechenland. Der Stier war nicht nur das Opfertier schlechthin, sondern galt auch als Grundlage der Währung, des Geldes.[48] Er symbolisierte dabei den Reichtum, den unterirdischen Schatz, der sich im Reiche des Gottes der Unterwelt Pluto findet und der für die Totenwelt steht. Die Verbindung des Totenreiches mit dem Reichtum ist für heutiges Denken völlig abwegig, obwohl auch heute Reichtum in großen Stücken vererbt wird und damit eine gewisse Andeutung gibt. Die mythologische Bedeutung geht aber darüber hinaus, sie

---

[48] Laum, Bernhard: Heiliges Geld. Eine Untersuchung über den sakralen Ursprung des Geldes. Berlin 2006.

zeigt die tiefe Verbundenheit mit den Ahnen, mit ihrem Wissen, ihrer Kultur, aber auch ihrer Schuld, die sie hinterlassen haben. In den Opferfesten kam diese ambivalente Verbundenheit zum Ausdruck. Bei den Dionysien wurde nun auch ein Ziegenbock geopfert. Das lässt auf den Erfolg eines einfacheren Opfer-Ritus aus bäuerlicher Herkunft schließen. Wie aber aus einem bäuerlichen Ritus die uns bekannte, hochentwickelte Form der Tragödie entstehen konnte, hat ein anderer Altphilologe und Religionswissenschaftler, der aus Ungarn stammende Karl Kerényi, in seiner Studie zu *Dionysos*[49] untersucht. Vor allem hat er auf die besondere Eigenart dieses Opfers hingewiesen:

> „Der Sinn eines Ziegenopfers *auf dem Lande* in diesem Monat ist uns gleichfalls bekannt. Im März stehen noch die Weinstöcke als kahle, blätterlose Strunken. Sie werden nun das Blut ihres Feindes, des Bockes zu trinken bekommen: ihres fast wesensgleichen, dionysischen Verwandten. Die vorweggenommene Strafe wird einen Sünder treffen, der von seiner Sünde nichts weiß, ja, sie noch nicht beging. Er teilt ein Schicksal, das in der Zukunft, nach *seinem* Schicksal, dem Schicksal des Bockes, des *tragos*, der das grausame Spiel des Lebens mit den Lebewesen in einer festen Zeremonie erleidet, ‚tragisches' Schicksal heißen wird. [...] Die geistige Schöpfung, aus dem Anlaß des Bocks' die *tragodia*, hatte *außerdem* noch zwei konstitutive Elemente: den Mythos und den Versuch zu seiner Erklärung. Der Mythos war, daß die Tötung auf Veranlassung eines Gottes, zu seiner *Freude* geschah und daß er *selbst* sie erlitt. Das andere Element kam in der rationalen Sphäre durch die Auffassung des Ziegenopfers als *Bestrafung* des sündigen Tieres zur einfachen Opferhandlung hinzu. Dieser Versuch einer Erklärung konnte den Unsinn einer Bestrafung eines Wesens, das nicht um seine Sünde wußte, nicht ausschalten."[50]

---

[49] Kerényi, Karl: Dionysos. Stuttgart 1998, S. 194f.
[50] Kerényi: Dionysos, S. 196.

Die Gemeinsamkeit aller Opfer liegt zunächst darin, dass an den Konflikt des Lebens, auf Kosten anderen Lebens zu leben, erinnert wird und dass dieser Konflikt auch dargestellt wird. Das Opfer erinnert an eine Schuld, die mit jeder Nahrung von neuem erzeugt wird und gleicht sie durch eine symbolische Rückgabe aus. Dieser symbolische Tausch ist der Sinn jedes Opfers. Die Besonderheit des Ziegenopfers, also des tragischen Opfers im engeren Sinne, liegt nun darin, die Gemeinsamkeit und Gegenseitigkeit der Schuld zu einem ‚freudigen Tausch' zu verwandeln. Die Ziege frisst das Weinlaub, ihr Blut wird dem Weinstock zur Nahrung. Der Weinstock treibt wiederum Blätter aus, die der Ziege zur Nahrung dienen. Dieser Nahrungs-Kreis ist der Kern der Tragödie. Der Unterschied zu anderen Opferformen, insbesondere zum Stieropfer, besteht darin, dass das Opfer nicht nur im Tausch von Leben gegen Leben besteht, sondern dass es wechselseitig ist. Das Leben wird als *fröhlicher Tausch* gefeiert, als Gabe, die den freudigen Tod des Gebers bedeutet hat. Dionysos als Gott und Inbegriff des Lebens wird nicht nur selbst getötet, sondern lässt diese Tötung im *fröhlichen Tausch* über sich ergehen. Der Tod ist damit nicht nur ein Opfer als Voraussetzung für neues Leben, er ist auch ein Geschehen, das neben Trauer auch Freude bringen soll. Zu dieser Darstellung von Leben, Tod und Auferstehung als freudigem Ereignis trägt der Wein wesentlich bei und bekommt auf diesem Wege einen sakramentalen Rang.

Warum und wie gerade der Wein diese tragische Bedeutung eingenommen hat, liegt wesentlich an seiner Zubereitung. Die Trauben werden geerntet, doch sie werden nicht nur geschnitten, sondern auch zertreten und zerfleischt. Der darauffolgende Prozess der Gärung oder Verwesung ist eine weitere Zersetzung, die das Getränk aber nicht verdirbt, sondern es zu einem Rauschgetränk veredelt und damit auf eine höhere Stufe des Genusses hebt. Die Zubereitung des Weins durchläuft damit auch den Kreis von Leben, Sterben und Auferstehung. Durch die Gärung gehen die Trauben in ein neues

Leben über, sie ist zugleich Verwesung und Zeugung und zeigt die Entstehung neuen Lebens aus dem Tod. Das Rauschgetränk und damit der Rausch symbolisiert damit die bruchlose Kontinuität des Lebens.

Im tragischen Opfer sind die Toten einbeschlossen, ihnen gebührt die größte Dankbarkeit. Sie haben ihr Leben schon gegeben und den fröhlichen Tausch schon vollzogen und haben die Solidargemeinschaft von Lebenden und Toten gegründet. Zu ihrer Begegnung kommt es durch die „Weltoffenheit" (*mundus patet*), den Tagen der „offenen Tür", an denen die Toten die Lebenden aufsuchen. Sie werden ins Gedenken gerufen, damit sie sich nicht gespenstisch dieses Andenken selbst verschaffen. Der Sinn solcher Feste findet sich heute noch in der Folklore von Halloween und Fastnacht.

Der Kern des tragischen Mythos ist die Tischgemeinschaft der Lebenden mit den Toten. Bei den Dionysien steht an den heiligen drei Tagen der Ankunft des Gottes, dem Tag der Fässer (*pithoigia*), dem Tag der Kannen (*choes*) und dem Tag der Töpfe (*chytroi*), die Welt offen, damit die Totenseelen aus der Unterwelt heraufkommen können und für die Zeit des Festes bei den Lebenden weilen: „Die Seelen kamen aus der Unterwelt, herangelockt durch den Weinduft der sich in der ganzen Stadt aus den geöffneten Pithoi [große tönerne Weingefäße, die meistens halb eingegraben waren] verbreitete."[51] Ihr Heraufkommen zeigt aber nicht nur die unheimliche Gegenwart des Vergangenen, sondern das Aufblühen des Lebens aus dem Toten. Es ist das Geschehen der Übergabe des Toten an das Lebendige, das im Wein und im Weizenkorn symbolisiert und zugleich materialisiert ist. Das Samenkorn muss sterben, damit es Frucht bringt. Der Wein wird geschnitten, zertreten und vergärt zu einem spirituellen Getränk.

Die sakramentalen Lebensmittel dienen damit nicht allein der Ernährung, sie sind zugleich Zeichen, die an die existentielle Schuld, auf Kosten anderer zu leben, erinnern und sie

---

[51] Kerényi: Dionysos, S. 186.

bekennen. Sie veranschaulichen den Schuldzusammenhang, aber auch die Gegenseitigkeit und solidarische Gemeinschaft existentieller Schuld und verheißen damit die Wandlung von Schuld in Freude und Glück. Dabei ist wichtig, dass Sie nicht nur Zeichen bleiben, sondern auch Stoff sind und bei rituellen Mahlzeiten auch verzehrt werden. Die Bedeutung der Tischgemeinschaft reicht bis zum christlichen Abendmahl, das auch ein Erinnerungsmahl ist, an das bei jeder Mahlzeit gedacht wird. Nur so können diese Zeichen und Symbole das leisten, was ihr eigentlicher Sinn ist, Lebensfreude zu stiften, wiederherzustellen und zu sichern.

Das zeigt sich an verschiedenen Bräuchen, die alle eine Tischgemeinschaft mit den Toten darstellen sollen. Dazu gehört das Opfermahl der sogenannten *cathedra*, das, wie der Religionswissenschaftler Gerardus van der Leeuw ausführt, ein gemeinsames, sakramentales Mahl von Toten und Lebenden zelebriert. Die *cathedra* ist „das Mahl, das die Angehörigen am Todestag ihrer Angehörigen, aber auch sonst auf den Gräbern anrichten. Der Verstorbene wird als Gastgeber vorgestellt. Er liegt auf einer Ruhebank, die Speisen stehen auf dem Tisch vor ihm. Die Teilnehmer sind bekränzt. Damit ist ausgedrückt, daß sie das Zeichen des Sieges tragen, denn der Sterbetag ist eigentlich ein Geburtstag, *natalicium*. Das ist ein heidnischer Brauch, wohl aber mit viel Christlichem gemischt, wenn die Gemeinschaft mit den Toten sakramental verwirklicht wird."[52] Dieser Brauch geht auf die Dionysien zurück, bei denen Wein auf die Gräber gegossen wurde.[53] Dieser Ritus zeigt aber auch, dass es im Opfermahl nicht um das Verschlingen des Leibes selbst als Substanz geht, sondern um die Gemeinsamkeit von Lebenden und Toten.

---

[52] Van der Leeuw, Gerardus: Sakramentales Denken. Kassel 1959, S. 132.
[53] Ivanov, Vjaceslav Ivanovic: Dionysos und die vordionysischen Kulte. Hg. v. Michael Wachtel und Christian Wildberg. Tübingen 2012, S. 121f.

Die Aussage solcher Bräuche liegt, wie auch bei der Tragödie, in der grundsätzlichen Bejahung des Todes und damit auch der Nahrung, des Essens und Trinkens, die ja nur durch Tötung anderen Lebens möglich sind. Das Drama der Tragödie ist eine Inszenierung zweier Reiche, der Lebenden und Toten, der Vergangenheit und der Gegenwart und hat das Ziel, sie miteinander zu versöhnen. Dabei geht es immer darum, Zeiten und Geschichten, die durch den Tod auseinandergerissen wurden, wieder zusammenzubringen. Das ist natürlich nur durch Sprache, mit Zeichen und Symbolen möglich. Real gesehen ist der Tod unumkehrbar. Trotzdem sind die Zeichen nicht wirkungslos. Sie wollen und können zu einer Vereinigung des Getrennten beitragen und die Wiederherstellungen einer ursprünglichen Gemeinsamkeit und Lebensgenossenschaft von Mensch und Natur herbeiführen.

2.2.3 Der Wein als christliches Symbol

In der christlichen Religion hat der Wein die Rolle der Opfergabe und des tragischen Opfers von den archaischen Religionen der Griechen und Römer übernommen. Dabei wurde er als sakramentales Zeichen für Leben, Tod und Auferstehung von früheren Kulten übernommen. Hier ist eine Gemeinsamkeit und auch eine gewisse Kontinuität in der Symbolik zu erkennen, es gibt aber auch entscheidende Unterschiede, die auch als Weiterentwicklung der Symbolik zu verstehen sind.

Indem Jesus Wein und Brot zum Zeichen der Erinnerung an sein Leben und Sterben einsetzte, wurden sie zum Zeichen der Eucharistie. Die Eucharistie zeigt das Opfer als freiwillige Hingabe Gottes für die Menschen. Damit geht es über die Bedeutung des tragischen Opfers in der Antike hinaus, bei dem zwar Dionysos geopfert wurde, dies aber als ein für die Ernährung notwendiges Opfer gesehen wurde, nicht als liebende Hingabe für das Individuum und sein Heil. Die Besonderheit oder Einmaligkeit des christlichen Opfers in der Hingabe hat die Bedeutung der sakramentalen Speisen von Brot und Wein weit über das erhoben, was sie vordem bereits als

Opferzeichen in vielen Religionen waren. Insbesondere beim Wein wird das immer vergessen, vor allem dann, wenn seine Geschichte bruchlos in die römische und griechische Antike zurückverfolgt wird. Zwar haben die Römer den Wein in Europa verbreitet, allein die christliche Aufwertung hat aber die europäische Geschichte des Weins bestimmt und ihn zu dem gemacht, was er heute ist, eine Kostbarkeit und ein modernes Kultgetränk, auch im alltäglichen und damit profanen Gebrauch.

Indem also im christlichen Verständnis das Opfer geradezu auf den Kopf gestellt wird, bekommt es eine ganz neue, zusätzliche Bedeutung. Der Wein – wie auch das Brot – sind nicht mehr nur Zeichen und Stoff für den Kreislauf des Lebens, sie sind Zeichen und Stoff für die Liebe Gottes zu den Menschen. Zwar spielte die Liebe etwa in den Dionysien ebenfalls eine grundlegende Rolle, sie war aber dort auf Erotik und Zeugung beschränkt. Im christlichen Verständnis werden Brot und Wein auch zum Zeichen einer umfassenderen Liebe in der Gegenseitigkeit. Die Erotik wird damit durch die Caritas, durch die christliche Nächstenliebe ergänzt.

Als sakramentales Nahrungsmittel haben Brot und Wein aber die Doppelheit von Zeichen und Stoff aus den archaischen Riten behalten, was in der christlichen Theologie zu einem Streit geführt hat, ob sie eher Zeichen oder Stoff seien. In der christlichen Dogmengeschichte war diese Frage bis ins 9. Jahrhundert hinein noch nicht von zentraler Bedeutung. Um das Jahr 840 ändert sich das. Es kommt zum ersten ‚Abendmahlstreit', bei dem die philosophische Problematik entsteht, wie ein überzeitlich geltendes Heilmittel aktuell präsent sein kann oder vergegenwärtigt wird. Damit war die fraglose mythische Gegenwart der Hingabe im Sakrament zu einer fragwürdigen Gegenwart einer „Substanz" geworden. Auslöser des ersten Abendmahlstreites war die Schrift von Paschasius Radbertus: *De corpere et sanguine Domini* (832).[54]

---

[54] Grätzel, Stephan: Dasein ohne Schuld. Göttingen 2004, S. 46ff.

Hier wurde die sogenannte Realpräsenz, die leibliche Wirklichkeit des Gekreuzigten, in den Sakramenten vertreten. Damit wurde erstmals die „Wandlung", also die Verwandlung von Brot und Wein zu Fleisch und Blut während der Messe, zum Problem. Die Gegner dieser realistischen Deutung, karolingische Gelehrte und Geistliche wie Hrabanus Maurus, Johannes Scottus Eriugena und vor allem Ratramnus, hielten an der symbolischen Präsenz des Leibes in den Sakramenten fest, doch verliert diese Position wieder zunehmend an Bedeutung. Dies zeigt sich bereits 200 Jahre später im zweiten Abendmahlstreit, in dem Berengar von Tours auf der Synode 1059 in Rom wegen seiner symbolischen Deutung des Abendmahles verurteilt und zur Widerrufung gezwungen wurde. Auf dem 4. Lateranskonzil 1215 wurde dann die „Transsubstantiation" zur bis heute gültigen Lehre erklärt. Sie geht von einer Realpräsenz des gekreuzigten Leibes aus, der durch göttliche Macht verwandelt, „transsubstantiiert", im Abendmahlritus erscheint. Wie man an dieser Geschichte sehen kann, war sie ein Hin- und Her zwischen symbolischer und realer Deutung. Damit war allerdings die Auseinandersetzung um diese Frage nicht beendet, sondern vielmehr vertieft, da die Bedeutung der Wesensverwandlung von den hierbei zugrunde gelegten Substanz- und Zeichenbegriffen abhängt. Der Streit um die Realpräsenz der sakramentalen Zeichen setzt sich dann auch in der reformierten Kirche zwischen Luther und Zwingli fort und dauert bis heute an.

Bei diesem Streit ging es zunächst darum, die Doppelheit der Symbolik von Brot und Wein als Zeichen und Stoff aufzulösen. Die symbolische Handlung des christlichen Opfers sollte vereindeutigt werden, entweder sollte sie Zeichen oder Stoff sein. Doch auch die Transsubstantiation ist keine Lösung, weil sie eine Verwandlung behauptet, statt die Doppelheit des Symbols beizubehalten. Diese rein philosophischen Spekulationen und Auseinandersetzungen um Zeichen oder Stoff haben sich nicht nur von der Besonderheit des christlichen Opfers entfernt, sie haben auch den Sinn des Opfers überhaupt aus den Augen verloren: der symbolischen Rückgabe für das Geschenk des Lebens. Genauer ist es das Geschenk der Existenz des Ich-bin, das als Offenbarung, aber eben auch als Opfer zu verstehen ist. Die Offenbarung des Ich-bin ist damit keine Selbstverständlichkeit, sondern zeigt, dass es das Opfer der gesamten Natur, das „Für-dich-gegeben" von allem was lebt und gelebt hat, erfordert. Dieser Kreislauf wird schon im archaischen Opfer in der Gegengabe erkennbar, im christlichen Opfer wird der Wert von Gabe und Gegengabe zum persönlichen Opfer Gottes für die Menschen.

Die existentielle Bedeutung des christlichen Opfers ist in den theologisch-philosophischen Spitzfindigkeiten seit den Abendmahlsstreitigkeiten um Stoff oder Zeichen offenbar verloren gegangen. Jenseits solcher theologischen Auseinandersetzungen ist diese Vorstellung aber im Volksglauben erhalten geblieben. Dies zeigen vor allem die sogenannten *Kelterbilder*, die Christus vorstellen, wie er in einer Kelter allein oder zusammen mit den Trauben zerquetscht wird.

Das Motiv für dieses eindrückliche Bild stammt aus dem Alten Testament (Jesaias 63, 1–6), das als christliche Prophezeiung gedeutet wird. Allerdings ist diese Stelle insgesamt sehr blutrünstig und rachsüchtig, so dass nur der Kernsatz *Torcular calcavi solus* „ich habe allein die Kelter getreten" herausgenommen wurde und zitiert wird. Dieses Kelterbild wurde mit den Einsetzungsworten beim ersten Abendmahl („Das ist mein Blut, für Euch vergossen") verbunden und zum Zeichen liebender Hingabe im christlichen Opfer ausgestaltet. Dabei zeigt es nicht nur die Gleichsetzung von Wein und Blut, sondern auch die Gleichheit der Weingewinnung beim Keltern und durch das christliche Opfer. In vielen Abbildungen wird der Kelterbalken deshalb auch als Kreuz dargestellt, um den Vorgang des Kelterns mit dem Martyrium und der Passion Christi direkt zu vergleichen und zu verbinden. Die Kelter wird so zum Kreuz und erlaubt eine reiche Zahl von allegorischen Ausgestaltungen und Wandlungen dieses Bildes im Laufe seiner Geschichte.[55]

In jüngerer Zeit hat der Schriftsteller Rudolf Georg Binding in seiner wohl berühmtesten, 1953 auch verfilmten Novelle „Moselfahrt aus Liebeskummer" dieses Bild literarisch ausgemalt. Er beschreibt dort das bekannte Relief *Christus in der Kelter* in der Kreuzkapelle oberhalb des Weinorts Ediger an der Mosel als eine „in solcher winzerhaft-drastischen Gewalt [...] ortseingeborene Vorstellung und diesem Land allein gehörig. [...] Das Blut des Heilandes fließt aus den Nagelwunden der Hände und mischt sich mit dem Wein. Blut und Wein, so nahe zusammengebracht von der Kirche –: erst der Weinbauer dieses Landes ließ sie ganz zusammenfließen. [...] Keine Transsubstantiation, in der sich Wein in Blut verwandelt. Keine Symbolik, keine Jenseitigkeit, keine Verhüllung. Blut wandelt sich in Wein – oh! es verwandelt sich nicht mehr. Ihm ist es erlaubt, Christi Blut zu trinken."[56]

Binding erkennt hier sehr genau die Besonderheit dieses Bildes: Zeichen und Stoff sind zu einer Realität verschmolzen worden. Damit werden die theologischen Debatten um Realpräsenz oder Zeichenhaftigkeit des Opfers überwunden. Indem Christus sowohl die Kelter tritt als in ihr selbst gekeltert wird, ist der Wein eine Mischung aus dem Rebensaft und dem Blut Christi. Dies gilt zwar eigentlich nur für den durch die Konsekration geweihten Wein, aber die Volksfrömmigkeit gibt mit solchen Bildern dem Wein überhaupt diese Weihe und gräbt sie folkloristisch ins Gedächtnis ein. Damit wurde dem Wein eine Aufwertung gegeben, die bis heute weit in die profane Welt hinein wirkt.

Die tief verankerte Verbindung des Weins zum Kult zeigt sich deshalb auch bei modernen Weinen, selbst wenn die christliche Abkunft nicht mehr herausgestellt wird. Das ist bei

---

[55] Thomas, Alois: Die Darstellung Christi in der Kelter. Düsseldorf 1936. Siehe auch: Rech: Inbild des Kosmos, Bd. 2, S. 395ff.

[56] Binding, Rudolf G.: Moselfahrt aus Liebeskummer. Husum 2009, S. 48–50.

vielen Weinen aus dem Burgund der Fall, der Heimat der Zisterzienser, die mit der ungeheuren Verbreitung ihres Ordens auch den Wein in alle Welt brachten. Der berühmte Clos de Vougeot, heute einer der teuersten Weine, ist benannt nach dem Gutshof des Mutterklosters, der Abbaye de Cîteaux, das als die Wiege des modernen Weinbaus in Europa und in der Welt gelten kann. Solche Weine haben ihre christliche Geschichte zwar abgelegt, sie wirkt aber gleichwohl weiter und trägt zur Aufwertung des Weins und seiner Vermarktung bei.

2.2.4 Die moderne Symbolik des Weins

Mit der christlichen Verkehrung des Schuldverständnisses wurde auch seine antike Symbolik grundlegend verändert. Im christlichen Kult war der Wein nicht mehr nur Opfer, sondern wurde zum Zeichen liebender Hingabe, wie sie in der Eucharistie und im Abendmahl zum Ausdruck kommt. Diese Aufwertung wurde auch zur Grundlage des modernen und profanen Weinkults. Dabei wurde die vom christlichen Verständnis getragene, aber dennoch davon emanzipierte Bedeutung des Weins als Kostbarkeit und Köstlichkeit herausgehoben. Seine Erlesenheit, sein Geschmack und seine heilsamen Wirkungen für Leib und Seele, eben alles, was einen besonderen Wein ausmacht, wurden dabei profaniert. Der Wein wurde zu einem Getränk kultiviert, das mit seiner Erlesenheit eine eigene Göttlichkeit, wie man sagen kann, ausbilden kann und schon ausgebildet hat. Gerade damit wurde aber eine Erinnerung an die Besonderheit des christlichen Opfers bewahrt und manchmal sogar wieder erneuert, wie es etwa ein Trinkspruch von der Mosel treffend zum Ausdruck bringt. „Wer den Wein ohne Andacht und Ehrfurcht trinkt, der säuft. Wer den Wein aber mit Andacht und Ehrfurcht trinkt, der betet."[57] Natürlich wurden und werden auch die antiken Götter wieder beschworen, zumeist auch nur in folkloristischer Weise. Dennoch wird

---

57 Zitiert nach: Schreiber, Georg: Deutsche Weingeschichte. Der Wein in Volksleben, Kult und Wirtschaft. Bonn 1980, S. 31.

deutlich, dass es ein besonders guter Wein mit einer besondere Herkunft und Zubereitung sein muss, wenn das Weintrinken zu einem Gebet werden soll. Der Wein sollte aus einem besonderen Weinberg stammen, der einen mythologischen oder christlichen Zusammenhang aufweisen kann, auch ein besonderes Terroir hat und vieles Außergewöhnliche mehr. So kann der Wein zu einem exklusiven Genussmittel werden.

Guter Wein ist sehr teuer, die hohen Preise sind aber dann nicht allein durch den Aufwand besonderer Zubereitung zu erklären, auch wenn dieser mittlerweile erheblich ist. Es bleibt immer ein Rest seiner mythischen Abstammung als Opferzeichen im Hintergrund. Hierbei sei noch einmal auch an die schon vorchristliche Bedeutung des Weines als Lebensstifter und Totenspeisung erinnert, er ist Zeichen und Stoff des Lebens, Sterbens und Auferstehens, darüber hinaus ist er mit dem christlichen Opfer und seiner Besonderheit liebender Hingabe verbunden. Er vereint also die mythischen Elemente von Eros, Thanatos und Caritas.

So wurde er zum wesentlichen Teil des christlichen Kultes und der damit verbundenen Bewirtschaftung für kultische Zwecke, die aber noch heute in seiner profanierten Form von Bedeutung ist. Wenn dieser Zusammenhang in den Vordergrund gestellt wird, wie das bei vielen gerade auch traditionellen und exklusiven Weingütern der Fall ist – es sei nur an *Petrus* erinnert, wir werden ihn noch mehrfach erwähnen – dann steigt der Wein im Wert und im Preis. Hier ist es so wie bei anderen mythischen Relikten, die auch nach der Profanierung immer noch eine Wirksamkeit entwickeln.

Weinkeller werden heute gerade in südlichen Ländern gern als *Kathedralen* bezeichnet und haben mit ihren Gewölben auch den Anschein solcher heiligen Hallen. Allerdings gleichen sie eher deren Grabstätten, den Krypten. Schon bei den alten Völkern Italiens reifte der Wein in den Totenkammern. Er ‚durchlebt' dabei die gleiche Totenfahrt wie die Gestorbenen und ihren Weg zu einem neuen Leben. Die Weinkeller sind zugleich Grabstätten. Auch heute wird der Wein zumeist in Kellern gelagert, die einen Anklang an eine Krypta haben. Sie werden also wie Tote behandelt, die den Status von Heiligen haben und der Auferstehung entgegensehen.

Weitere solcher Relikte sind die Flurnamen, die antikmythologische und christliche Anknüpfungen bilden. So erinnern Flurnamen mit Ziege (Geis), Bock oder Esel an den dionysischen Ursprung des Weines. Der Name der Stadt Bacharach soll an Bacchus angelehnt sein. Solche Verbindungen sind aber eher selten und in ihrer Historie auch umstritten. Weitaus eindeutiger sind die Anlehnungen an das Klosterleben. Nach dem Niedergang und der Säkularisation von Klöstern seit dem 16. Jahrhundert erinnern viele Flurnamen an den ehemaligen klösterlichen oder kirchlichen Besitz. Mit ihrem historischen und mythologischen Flair haben die den Effekt, die dort wachsenden Weine gewaltig aufzuwerten. Dabei kommt durchaus auch das Vertrauen in die Mönche und ihrer Bemühungen um Exzellenz im Wein zum Tragen. Diese zisterziensischen, benediktinischen und kartusianischen Gründer waren in erster Linie an der Qualität des heiligen Getränks interessiert. Sie suchten deshalb die besten Lagen für die Weine aus und begannen schon im Mittelalter mit der Züchtung und Verfeinerung der Reben.[58]

Dass der Wein nicht nur ein Nahrungsmittel und ein Rauschmittel blieb, wie es in der Antike der Fall war, sondern zu einem Genussmittel aufsteigen konnte, ist sicherlich diesen Mönchen zu verdanken. Die Kostbarkeit des Leibes und Blutes Jesu musste beim Wein realisiert werden. Deshalb wurde das Produkt immer weiter verbessert. Im Unterschied zum Brot kennt die Verfeinerung des Weins keine Grenzen, es lassen sich auch viele Modifikationen anstellen, angefangen beim Schnitt der Reben über die Pflege im Weinberg, die Lese und den Ausbau im Keller, aber auch die Versektung als Champagner, Crémant, Winzersekt oder Prosecco. Die damit geschaffene Breite hat zwar eigentlich nur die Steigerung der

---

[58] Schreiber: Weingeschichte, S. 83ff.

Qualität zum Ziel, sie bestätigt damit aber auch immer den mythologischen Hintergrund des Weins als Opfer. Auch wenn solche Formen der Bewirtschaftung gewissermaßen zu einem Selbstzweck geworden sind, bei dem die mythisch-christlichen Zusammenhänge weitgehend in Vergessenheit geraten, so konnte der Wein doch nur auf diesen Wegen zu dem Genussprodukt werden, das er heute ist.

Der Wein erinnert uns also daran, dass jede Mahlzeit ein Opfer von Lebewesen, Tieren und Pflanzen ist, dem wir Aufmerksamkeit in Form von Andacht und Ehrfurcht entgegenzubringen haben. Dieses schon in der Antike zu findende tragische Verständnis wird mit der christlichen Aufwertung des Wein- und Brot-Opfers als Erinnerungszeichen und Stoff liebender Hingabe nicht nur ritualisiert, sondern auch für den profanen Gebrauch erweitert. Der Wein wurde dabei auch zum „Gebet für Atheisten", wie Béla Hamvas herausgestellt hatte.

Aber auch dann, wenn alle religiösen Zusammenhänge beiseitegelassen werden, hat der Wein heute schon so viel Bedeutungen aus seiner Geschichte auf sich versammelt, dass er zu einem eigenständigen Kulturgut mit eigenen Symbolen geworden ist. Die modernen Symbole spiegeln das moderne Leben, seine Unterstreichung des Jugendlichen und der Frische. Dabei geht es nicht um den sonst zu beklagenden Jugendwahn, sondern um die Freude und Lust am Leben, also um die Bejahung des Lebens. Das Tragische, dass das Leben immer auf Kosten von anderem Leben und seinem Tod möglich ist, gerät dabei nicht in Vergessenheit, es wird im Gegenteil zum Bestandteil des Denkens als Erkundung und Erfahrung des Ursprungs. Die moderne Symbolik spiegelt den Wein als ein Denkerlebnis, bei dem sich die Ursprungserfahrung mit einem Dank an das Leben verbindet.

2.3. Denken

Das Leben wird nicht nur im Erleben und in der Erinnerung, sondern im Denken ausgelotet. Im Denken geht es um Ursprünge, um Ursachen um Schöpfung, es ist immer ein Gang zu den Anfängen. Auch hier wird eine Ferne erfahren, die Ferne des Ursprungs, sowohl des eigenen Lebens wie auch die des Lebens überhaupt. Der Beginn des Denkens ist das Staunen und, soweit es verloren gegangen ist, die Rückgewinnung des kindlichen Staunens. Die abendländische Philosophie geht von diesem Staunen aus und gibt die Mittel an die Hand, es als theoretische Haltung das ganze Leben über zu bewahren. In der praktischen Fortführung dieser Haltung werden dann Respekt, Ehrfurcht und Dankbarkeit philosophisch entwickelt. Auch der Wein führt so auf die Spur, das Leben zu achten und in Respekt und Dankbarkeit zu führen.

2.3.1 Das Leben in seiner Schönheit und Fülle

Das Leben in seiner Schönheit und Fülle ist die große Offenbarung für jeden Menschen. Das ist der Grund, warum Menschen in die Berge oder ans Meer fahren oder andere schöne Orte aufsuchen. Es ist auch der Grund, warum Menschen Wein trinken. Er ist ein Andenken. Die Offenbarung könnte gleichwohl jederzeit stattfinden und wäre nicht an besondere Ereignisse gebunden. Allerdings werden Schönheit und Fülle des Lebens im normalen Alltag ohne solche Andenken kaum beachtet. Sie blitzen gelegentlich auf, ansonsten bleiben sie auf solche Momente beschränkt, in denen man sich ihnen zuwenden kann oder zuzuwenden versucht wie in Ferien- oder Urlaubszeiten. Mag das oft nicht gelingen oder oberflächlich bleiben, so sind es dann Krankheit oder andere Leiden, die das Leben bedrohen und seine Einmaligkeit und Kostbarkeit zu einem brennenden Thema machen. Dabei schiebt sich das Leben selbst in den Vordergrund. Soweit solche Krisen überlebt werden, ziehen die meisten Menschen daraus die Lehre, ihr Leben bewusster zu erleben und zu genießen. Dies ist schon der erste Schritt zu einer philosophischen Haltung und Einstellung.

Solche Brüche im Leben sind oft die Auslöser für das Denken über das Leben, über das eigene und das Leben überhaupt. Plötzlich wird deutlich, dass Leben nicht nur in Arbeit, Beruf und Freizeit und deren Tätigkeiten aufgeht, sondern seine eigenen Themen hat und deren Entfaltung und Erfüllung einfordert. Dazu gehören neben der Schönheit der Welt, der Natur und ihrer Kultivierung auch die Frage nach einem sinnvoll geführten und erfüllten Leben – Schönheit und Fülle. Krisen werden deshalb als Chancen gedeutet und ergriffen, auf diesen Spuren das eigene Leben und den Sinn des Lebens zu verfolgen. Wünschenswert wäre es aber, dass nicht erst eine Krise diese Rückbesinnung auslöste, sondern dass Menschen immer schon und jederzeit auf diese Lebensthemen achten würden.

Dazu ist es notwendig, das kindliche Staunen auch im Alter zu bewahren und weiter auszubilden. Das Staunen kann so zum Auslöser des Denkens werden, man muss nicht erst auf eine Krise warten. Die Anfänge der europäischen Philosophie sind aus dem Staunen heraus entstanden. Auch heute liegt darin wohl die wichtigste Aufgabe der Philosophie. Sie soll den Blick für die Schönheit und Fülle des Lebens öffnen und zur Achtsamkeit erziehen. Die große Philosophie beginnt deshalb bei den kleinen und nicht beachteten Ereignissen und Erlebnissen des Alltags und erforscht den tiefen Hintergrund, der sie umgibt.

Im Staunen wird die Schönheit und Fülle des Lebens entdeckt. Schönheit ist dabei der Ausgangspunkt sowohl für die Kunst als auch für die Philosophie. Schönheit ist ein sinnliches Erlebnis und kommt, wie jede Erfahrung, über die Sinne und deren Zusammenspiel zustande. Die große Philosophie schließt sich hier an, nicht indem sie sofort an allem zweifelt, alle möglichen Sinnestäuschungen aufzählt und das Leben selbst für eine Täuschung hält. Das ist bestenfalls zweitklassig. Große Philosophie bejaht die Realität und erkennt sie als

Wunder. Realität wird nicht bloß gegeben, sie ist ein Geschenk, das man als solches annehmen muss, um zum Kern der Wahrheit vorzustoßen. Die erlebte Realität ist schon die Wahrheit, es gibt keine höhere. Allerdings ist sie von einem Geheimnis umgeben, weil das Erleben des Ich-bin im Jetzt und Hier alles andere als selbstverständlich ist. Deshalb entwickelt sich an dieser Stelle das Denken als Besinnung auf sich selbst und auf seine Situation. Entscheidend ist dabei die Erkenntnis, dass es einen langen Weg vor uns gab, der es ermöglicht hat, dass dieser Moment jetzt wirklich geworden ist. Die Einsicht in den *langen Weg des Lebens* bis zu dem Augenblick hin, in dem ich jetzt bin, ist überwältigend und wird *denkend* erlebt.

Erleben und Denken verbinden sich dabei zu einer Erfahrung, die zur Aura, zur „Erscheinung einer Ferne, so nahe sie sein mag"[59] gehört. Diese besondere Erfahrung der Aura haben wir auch am Wein festgestellt. Ein Wein hat eine Aura oder kann eine Aura bekommen, wenn zu der sinnlichen Erfahrung des Verkostens die übersinnlichen Erfahrungen der Geschichte, des Terroirs oder der Feier durch das Erzählen, heute spricht man gern auch von Narrativen, dazu kommen. Durch das Denken wird diese Narrative mit dem langen Weg des Lebens in Verbindung gebracht und in das eigene Leben integriert.

Anhand der Verkostung des Weins sind wir diesen Weg schon zum Teil durchgegangen. Die sinnlichen Eindrücke durch Sehen, Hören Riechen, Schmecken und Tasten mit dem Mund werden durch die Aura von Zeit und Raum, von Geschichte, Terroirs und Feier ergänzt. Aber erst durch das Denken bekommen sie einen persönlichen Bezug, indem sie mit der eigenen Situation verbunden werden. Solche Erkenntnisse aus dem Denken heraus sind deshalb keine Erlebnisse zweiter Klasse, sondern erzeugen eine eigene Form des Erlebens, das bis zum *spirituellen* Erleben reicht. Es kann das ein-

---

[59] Siehe Abschnitt 2.1.3 des 2. Kapitels.

fache Erleben an Intensität übertreffen, da auch der tief erlebte Augenblick nicht „verweilt", sondern entflieht und sich grundsätzlich einer identischen Wiederholung entzieht.

Das Denken ist eine Form des Wieder-Erlebens, die mit der Erzählung beginnt und sie in das eigene Erleben zu überführen sucht. Das ist auch der Versuch bei einer Beschreibung des Weins, wie wir sie mittlerweile in allen Angeboten finden. Sie profiliert und konserviert das Erlebte durch das Zufügen analoger oder fiktiver Elemente, wie sie sich bei den Umschreibungen des Geruches und Geschmackes ergeben. Dabei werden vielfache Vergleiche hergestellt, die für sich gesehen eindeutig sind, die aber jeweils zu einer Synthese gebracht werden sollten.

Ein Beispiel einer solchen Synthese soll das anhand der Beschreibung eines *Petrus* aus dem Jahre 2009 durch den vielfach ausgezeichneten Weinhändler Heiner Lobenberg verdeutlichen: „Duftige Brombeer-Nougat-Nase voller Harmonie, feinste Waldfrüchte, zarte Waldhimbeere, schlanke Brombeere und Schwarzkirsche mit einem Touch Sauerkirsche dazu. Alles sehr fein und sanft. Teer und Goudron, ein Hauch Barolo von Voerzio mit der schwarzen Frucht und Kraft. Flüssiges Schokoladensoufflé im Mund, aber zarte Milchschokolade, tolle Säure von roter und schwarzer Waldfrucht, samtiges feinkörniges Tannin, Schattenmorelle, Schwarzkirsche, kühler Mund, alles passt, perfekte Balance."[60] Mit diesen Worten wird ein Wein bewertet, der heute immerhin fast 6000 Euro pro Flasche kostet. Die Anforderungen sind also erheblich. Viele Weinhändler verzichten deshalb auf eine Beschreibung speziell dieses Weins und nennen oft nicht einmal mehr seinen Preis. Das ist natürlich eine Kapitulation, die sich der Weinhändler Lobenberg nicht leistet. Die Schwierigkeit zeigt sich aber, wenn man die Beschreibung eines *Petrus* mit einem der günstigen, aber gleichwohl hochwertigen Weine aus seinem Ange-

---

[60] Lobenberg, Heiner und Luca: Vereint im Genuss. Bremen o.J., S. 442.

bot vergleicht. Als Beispiel sei hier das kleine Chateau *Trocard Monrepos* genannt, das auch aus dem Bordeaux kommt. Beide Weine sind reiner Merlot: „Und obwohl es 100% Merlot ist, zeigt der Wein einen Hauch reifer Himbeere. Viel frische und reife Zwetschge. Maulbeere und Brombeere kommen dazu. Aber nie wuchtig, nie schwarz, nie dunkel und fett, sondern eher verspielt, angenehm, duftig, aromatisch, leichtfüßig. Der Mund ist so schwer abzugrenzen vom 2015er, den ich gleichzeitig probieren kann. 2016 ist ein Hauch reifer und frischer. Die dominierende rote Zwetschge kommt mit etwas mehr Lebendigkeit, etwas verspielter rüber. Dazu einen Hauch Sauerkirsche, rote Kirsche. Das Ganze tanzt umeinander."[61] Der *Petrus* ist fast 500 mal teurer als dieser offenbar auch hervorragende Wein. Das geht aus der Weinbeschreibung aber nicht hervor. Darum soll es auch nicht gehen. Die Weinbeschreibung, jedenfalls dieses Weinhändlers, soll nicht den Preis rechtfertigen, sie soll die Leser einbinden und mitnehmen auf eine Reise zu dem Wein, manchmal auch zu dem Weingut, im Grunde aber zu dem inneren Leben der Weine. Im weiteren Text zu dem *Monrepos* heißt es deshalb: „Der Wein macht unheimlich viel Freude, hallt lange nach und sprüht vor Lebendigkeit und einnehmendem Charme."[62] Wir sehen hier, dass der Weinhändler einen anderen Schwerpunkt hat, der die Lebendigkeit des Weines und seine Atmosphären unterstreicht und nicht den Preis. Die Unterschiede zwischen den beiden Weinen liegen bei der Betonung des Dunklen und Schweren beim *Petrus* im Gegensatz zu der Leichtigkeit und Lebensfreude des *Monrepos*. Während der *Monrepos* mit seiner Frische wie ein Auftakt wirkt und damit eher die Jugend anspricht, wirkt der *Petrus* wie ein Dessert am Ende des Mahles oder des Lebens. Beides sind grundlegende Aspekte des Lebens, die der Weinhändler hier eher unbemerkt einbringt. In

---

[61] Lobenberg: Vereint im Genuss, S. 329.
[62] Ebd.

einem direkten Vergleich, den er aber nicht vornimmt, wirken diese beiden Weine wie Willkommen und Abschied. Einzelne Erlebnisse verblassen oder werden zu Daten, an denen das Erlebte mit seinen subjektiven, innerlichen Anteilen nicht mehr zu erkennen ist, wenn sie nicht mit einer Besonderheit oder sogar zu Zeichen von Willkommen und Abschied werden. Es sind die zentralen Stationen im Leben, die sie aufwerten und im Gedächtnis behalten. Das Erleben selbst kann nicht wiederholt werden. Beim Wein führen solche Versuche zur Sucht, also zu der vergeblichen Wiederholung des Augenblicks, wie das im Grund bei jeder Sucht angelegt ist. Ein Erlebnis wird sofort Vergangenheit, es ist flüchtig und kann und sollte auch nicht als solches festgehalten oder wiederhergestellt werden.

Aber es gibt besondere Techniken, dieser Flüchtigkeit zu begegnen und die Schönheit und Fülle des Lebens und Erlebens irgendwie zu bewahren. Hierzu dienen die Rituale, von denen wir schon gesprochen haben und auf die wir im 3. Kapitel noch näher eingehen werden. Hierin liegt auch die Bedeutung der Literatur, soweit sie der Wertschätzung kostbarer Momente gewidmet ist. Berühmt geworden ist hier die *Suche nach der verlorenen Zeit*, dem großen Roman von Marcel Proust, der ganze Generationen durchgeht. Noch interessanter sind aber die Romane, die nur einer kurzen Zeitspanne gewidmet sind. Man denke hier an *Ulysses* von James Joyce, der am 16. Juni 1904 in Dublin spielt, einem Tag, an dem eigentlich nichts besonders passiert ist. Ein anderer Roman mit besonderer Wertschätzung der einfachen Dinge des Lebens ist Arno Schmidts *Zettel's Traum*, der auch nur 24 Stunden umfasst und dabei auf 1500 Seiten keine Story erzählt, dafür aber in die kleinsten und feinsten Details der Wahrnehmung eindringt. Diese Formen von Wahrnehmung und Erinnerung sind ein grundsätzliches Anliegen von Literatur und sind der Wertschätzung gewidmet.

Zu diesen Techniken gehört aber auch das Denken. Es ist die dritte und höchste Form der Reflexion, weil es einen Bezug zum Subjekt und seinem Leben herstellt und eine Lebensanschauung vermittelt. Dabei werden die Meinungen oder Weltanschauungen anderer mit dem eigenen Erleben in Verbindung gebracht und kritisch hinterfragt, was echte Erfahrung ist und was nur abstrakt und aufgesetzt ist. Die Wertschätzung der eigenen Erfahrung, die wir durch große Literatur nahegelegt bekommen, wird hierbei auf ihre Prinzipien hin untersucht. Dabei wird eine Strenge angelegt, die über das Erzählen hinausgeht und nur dem Denken möglich ist. So intendierte Edmund Husserl mit seiner Definition von *Philosophie als strenger Wissenschaft*[63] eine Lebensanschauung, die sich allen Ablenkungen und dem damit einhergehenden Verlust von realer Erfahrung entgegenstellt. Das Denken ist hier nahe an der Meditation, es sucht die Wertschätzung des Augenblicks und bewahrt vor falschen Abstraktionen mitsamt ihren Vorurteilen, wie sie zum Beispiel bei dem bloßen Hinnehmen des Erlebten als etwas „Gegebenem" vorliegt. Keine Erfahrung ist einfach nur gegeben, sie ist entweder ein Geschenk oder ein Verhängnis, sie hat immer eine gewisse Ferne, so nah das Erlebte auch sein mag. Das Denken schärft die Aufmerksamkeit für diese Besonderheit. Es ist, wie Markus Gabriel schreibt, eine Ergänzung unserer fünf Sinne: „Wir betasten denkend eine Wirklichkeit, die letztlich nur dem Denken zugänglich ist, ebenso wie Farben für gewöhnlich nur dem Sehen und Töne nur dem Hören zugänglich sind."[64] Das Denken ist damit eine weitere Form der Wahrnehmung.[65] Die Frage ist aber, was das Denken eigentlich wahrnimmt? Erzählung und Rituale widmen sich der Bewahrung und Wiederholung von Ereignissen und Erlebnissen, sie sind bereits als Formen der Erinnerung herausgestellt worden. Was bleibt also dem Denken?

---

[63] Husserl, Edmund: Philosophie als strenge Wissenschaft. Hamburg 2009.
[64] Gabriel, Markus: Der Sinn des Denkens. Hamburg 2020, S. 16.
[65] Gabriel: Sinn, S. 56f.

2.3.2 Die Suche nach dem Grund

Auch im Denken wird die Ferne wahrgenommen. Über Raum und Zeit hinaus geht es hierbei um die Anfänge, um Ursprünge und Schöpfungen. Das Denken sucht dabei nicht nur nach objektiven Ursachen und Gründen im allgemeinen, es sucht die Ursprünge des Subjekts und die Ursprünglichkeit des Selbst. Das Subjekt ist sich darin das Nächste und Fernste zugleich; das Nächste, weil es unmittelbar sein Ich ist, das Fernste, weil es fast nichts von diesem Ich weiß.

Ursprung und Ursprünglichkeit des Subjekts sind die Themen des Denkens. Das zeigt sich schon in der täglichen Suche nach objektiven Ursachen und Gründen für Ereignisse und Handlungen. Auch die Wissenschaften haben diese Suche zum Prinzip erhoben, durchaus mit der Absicht, auch die letzten Gründe zu erkennen. In der Philosophie hat das Denken eine andere Haltung, da hier die Einsicht vorherrscht oder vorherrschen sollte, dass letzte Gründe nie erfahren werden können. Diese Einsicht hat weder mit Bescheidenheit noch Resignation zu tun, sie resultiert aus der Einsicht, dass bei jeder Erkenntnis immer ein subjektiver Rest bleibt, um den es aber eigentlich geht.

Der Erkennende kann sich objektiv nicht erkennen, man kann sich nicht selbst am Schopf packen und aus dem Sumpf ziehen wie Münchhausen. Deshalb braucht es ein Denken, das um die Ferne und Unzugänglichkeit letzter Wahrheiten weiß. Philosophie als strenge Wissenschaft fordert ein Denken, bei dem die Ferne der Ursprünge gewahrt bleibt. Der Leitspruch der Philosophie seit der Antike ist deshalb: „ich weiß, dass ich nichts weiß". Für die moderne Wissenschaft, die das Ich ausschaltet, kann das zwar kein Prinzip sein, sie muss dann aber anerkennen, dass sie „nicht denkt", wie Martin Heidegger etwas provozierend formuliert hat.[66] Denken ist immer zu den letzten Gründen unterwegs, gewiss dabei ist nur, dass sie nie vollständig erreicht werden können. Denken ist also eine An-

---

[66] Heidegger, Martin: Was heißt Denken. Tübingen 1997, S. 4.

näherung an den Grund, ohne ihm nahe zu kommen. Er muss ein Geheimnis bleiben. Unzugänglichkeiten dieser Art mit einem bleibenden Geheimnis haben wir bei Weinen mit großer Aura schon festgestellt. Wir können zum *Montrachet* pilgern oder in Beschreibungen und Geschichten großer Weine schwelgen, sie bleiben unerreichbar. Das gilt auch für Weine, deren Trinkreife noch lange nicht erreicht ist. Früher galt die Faustregel, dass ein Bordeaux sieben Jahre alt sein müsse. Nach einer anfänglichen Trinkbarkeit verschließt er sich wieder und taucht dann nach einem solchen Zeitraum wieder auf. Das war noch einigermaßen überschaubar. Für große Weine gilt das nicht mehr. Heiner Lobenberg attestiert einem *Richebourg Grand Cru 2017* der Domaine Jean Grivot in Burgund einen Zeitraum zwischen 2030 und 2070: „Geben Sie diesem Wein 10 bis 15 Jahre Zeit und dann können Sie ihn über Jahrzehnte genießen."[67] Die zeitliche Unerreichbarkeit des Genusses für nicht mehr junge Menschen wird hier geradezu beziffert. Natürlich handelt es sich dabei wieder um einen der besten Weine der Welt, wenngleich der Name *Richebourg* wiederum durch andere Namen weltberühmt wurde, den legendären Winzer Henri Jayer aus Vosne-Romanée oder die *Domaine Romanée-Conti*, die beide nochmals teurer sind. Die Ferne des einen wird durch die noch unerreichbarere Ferne des anderen provoziert und getragen. So haben diese Weine einen Mythos der Ferne ausgebildet, bei dem die Qualität natürlich auch eine Rolle spielt, letztlich aber die Unerreichbarkeit den eigentlichen Ausschlag gibt. Deshalb sind solche Weine auch nicht einfach zu haben. Trotzdem sollten sie nicht auf eine Stufe mit anderen Luxusprodukten gestellt werden, wenngleich teure Weine leider diese Rolle spielen. Im Unterschied etwa zu teuren Uhren, die ja auch von großer handwerklicher Kunst zeugen und als Zeitmesser ebenfalls eine Reflexion menschlichen Lebens darstellen, haben wir es beim Wein nach wie vor mit

---

[67] Lobenberg, Vereint im Genuss, S. 133.

einem Lebensmittel zu tun, dessen Sinn es ist, als Nahrungsmittel verzehrt und verinnerlicht zu werden. Der Genuss ist hier in weite Ferne gestellt, aber auch dann, wenn er stattfindet, bleibt mittlerweile nicht einmal die leere Flasche übrig, wenn sie, wie im Falle eines *Romanée-Conti*, vernichtet werden muss.[68]

Weine dieser Klasse lassen sich also nicht ohne weiteres vereinnahmen oder auf Nähe bringen. Sie sind unergründlich und sollen es auch bleiben. In gewisser Hinsicht sind sie nicht existent oder verfügbar, selbst wenn man sie erworben hat. Besser wäre es, sie gar nicht zu verkosten und als Geheimnis aufzubewahren.

Die Unergründlichkeit ist die Ferne des Denkens, sie ist das Unvordenkliche. Obwohl es einen Grund gibt, kann und soll er auch nicht erlebt werden, weil das Unergründliche, wie im Falle von *Richebourg*, einem Erlebnis selbst immer überlegen ist. Alle Erlebnisse, und damit auch große Momente und besondere Augenblicke, sind keineswegs absolut, sondern stehen in Zusammenhängen mit anderen Spiegelungen der Sinne, der Geschichten und der Unergründbarkeit. Das Erleben allein lässt diese Tiefe nicht gewahr werden, sie werden durch die reflexive Zusammenhänge vermittelt. Das Denken geht dabei am weitesten über den Augenblick hinaus.

2.3.3 Der Anfang des Denkens

Das Denken ist mehr als ein einfaches Nachdenken und Überlegen, es ist die Verwirklichung des eigenen, meines Lebens in der Wahrnehmung des: *ich denke, also bin ich*. Dieser von Descartes geprägte Satz ist keine Erfindung von ihm, allein schon deshalb, weil er vor Descartes schon mehrfach in dieser oder ähnlicher Formulierung zu finden ist. Dieser Satz ist die Formel für die immer schon in der Philosophie, aber

---

[68] Die Gralshüter von Romanée-Conti. In: FINE – das Weinmagazin, Wiesbaden 4/2020, S. 50–53.

auch sonst erkannte Verbindung von Leben und Denken. Im Denken (ich denke) offenbart sich uns das eigene Leben als Existenz (also bin ich). Dieser Bezug des Denkens zum Leben löst das höchste Erstaunen aus. Es ist unbegreifbar, dass ich bin und jetzt und hier lebe. Die Selbsterkenntnis ist das größte Wunder, das wir erleben können. Da das Denken aber den Grund aufsucht, offenbart sich ihm auch die Schuld für dieses Ich-bin. Sie ergibt sich daraus, dass wir nur dann existieren können, wenn wir dafür anderes Leben brauchen und verbrauchen. Das Wissen um Existenz ist damit auch ein Wissen um Schuld.

Erstaunen und Schuld sind Reflexionen des Lebens im Denken. Das Erstaunen führt zur Theorie und damit zur *Hinwendung*. Sie widmet sich den Dingen der Welt und ihren Zusammenhängen. Die Schuld führt zur Praxis und damit zur *Zuwendung*. Sie widmet sich dem Miteinander und bestimmt auch die Haltung, etwas Erhaltenes in anderer Form zurückzugeben und dabei das berechnete Maß einzuhalten. Mit den Erkenntnissen, die durch Hinwendung und Zuwendung gemacht werden, können wir unsere Lebenswelt gestalten. Es geht dabei zunächst nicht um metaphysische Fragen wie Leben und Tod, sondern um die Bewältigung und Gestaltung des Alltags, dem Essen und Trinken und seiner Beschaffung. Damit verbunden sind Arbeit und Handwerk und alle Tätigkeiten, die den elementaren Bedürfnissen des Lebens gewidmet sind. Sie alle sind Erzeugnisse einer umfassenden Reflexion, die vom Erlebnis, der Erinnerung und der Verarbeitung im Denken bestimmt sind.

Die Hinwendung beginnt mit der Benennung der Dinge.[69] Die Benennung oder Namensgebung ist die elementare Form des Denkens. Menschen, Lebewesen und Dinge bekommen einen Namen oder eine Bezeichnung, wenn sie bedacht werden. Das ist die erste und tiefste Verschmelzung, die

---

[69] Grätzel, Stephan: Versöhnung – Die Macht der Sprache. Freiburg 2018, S. 66ff. und 104ff.

geistige Geburt des Subjekts. Man könnte das mit einem Brandzeichen vergleichen, wie es Tieren verabreicht wird, allerdings bleibt ein solches Zeichen äußerlich, es erreicht nicht das Subjekt, auch nicht von Tieren. Wenn sie aber wie Haustiere Namen bekommen, ist das anders. Eine Benennung ist ein tiefgehender Vorgang für alles, was lebt. Sie ist der elementare Akt der Sprache, genau besehen der Schöpfungsakt der Welt. Geschehnisse und Ereignisse werden deshalb durch Benennung realer, als die unmittelbare Situation es ist.

Diese Wirklichkeit durch Namen ist vielfältig, denn jede Benennung ist immer mehr als nur eine ‚Bezeichnung', sie ist auch eine Berufung, selbst dann, wenn nicht nur Menschen, sondern auch Dinge einen Namen bekommen. Namen verschaffen dem Träger eine Eigenheit und eine Bedeutung, die allein über das bloße Erleben hinausgeht und ihm eine Gegenwart geben. Die Erfahrung: *Ich denke, also bin ich*, ist nur mit einem Namen möglich. *Ich* ist ein Pro-Nomen, es steht also für einen Namen. Dabei ist es zugleich das *Du* für einen anderen (oder auch für sich selbst im Selbstgespräch). Das Pronomen ist ein Stellvertreter für den Namen, hinter dem Namen aber steht ein Geheimnis, das es zu lüften gilt. Durch den Namen ist das Geheimnis zugleich fern und nah. Wenn man etwas interessant findet, möchte man den Namen wissen, wenn Lebewesen und Dinge vertraut sind, möchte man ihnen einen Namen geben. Mit dem Namen werden der Status und Titel einer Person an Menschen, Lebewesen und Sachen verliehen. Das Leben wird dabei aus seiner Anonymität herausgerissen, die es als bloßes Sein oder als ‚Es' innehat. Das anonyme Leben bekommt ein Gesicht und eine konkrete Gestalt. Dadurch war es aber auch verfügbar, es ist zugleich fern und nah. Diese zwiespältige Belebung des zunächst anonym verlaufenden Lebens durch Namen gilt für Personen, aber auch für Dinge und Produkte.

Die Benennung ist von elementarer Wichtigkeit, weil sie aus der Anonymität herausführt, um Personen, Dinge und Produkte als Subjekte sichtbar werden zu lassen. Subjekte sind nicht nur für menschliche Personen reserviert, sie sind ganz allgemein Träger von Namen, sowohl den großen wie kleinen. Subjekte existieren nicht vor der Benennung. Mit und nach ihrer Benennung bleiben sie im Hintergrund und sind nur sichtbar durch ihre Maske. Jeder Name ist eine Maske, er kann eine Identität verbergen, aber genauso Abwesende zu Sprache bringen.

Maske und Subjekt stehen also für Nähe und Ferne. Die Maske ist sichtbar, das Subjekt bleibt ein Geheimnis, doch in ihrem Zusammenspiel geben sie eine Ahnung von dem Grund des Lebens, der durch das Denken wahrgenommen wird.

Auch Weine haben oder bekommen Namen. In unserer Kultur sind die ersten Namen für den Wein die Götternamen *Dionysos*, *Bacchus* oder *Fufluns*. Sie stehen für Lebenslust und Erotik, aber auch für Wiedergeburt, Zweite Geburt oder Initiation, wie sie in unterschiedlichsten Mysterienkulten gebräuchlich war und ist. Die Götternamen sind der Anfang der Benennung des Weins. Sie geben seinen göttlichen Ursprung zu erkennen und sind ihm in Form einer Würdigung und Weihe verbunden. An einzelnen Rebsorten ist das direkt erkennbar, wie etwa die dem Weingott *Bacchus* gewidmete Rebe oder die italienische Rebe *Sangiovese*, was das Blut des Jupiters bedeutet. Der Bezug auf den göttlichen Ursprung wird aber auch auf anderen Wegen versucht, wie wir im nächsten Kapitel bei den Masken des Weins sehen werden.

2.3.4 Denken als Danken

Das Denken als *Reflexion* beginnt mit der Hinwendung zu einem Subjekt durch die Benennung. Der Name verleiht Identität bis hin zu Göttlichkeit, er gibt aber auch zu erkennen, dass das Leben nur eine Leihgabe ist. Mit der Würdigung und Vergöttlichung ist also kein Besitz verbunden. Der Name wird übertragen, er lässt auch schalten und walten, jedoch bleibt immer eine Distanz zum Ursprung, dem ursprünglichen Träger, beim Wein also zu dem Weingott. Der Name verleiht zwar Identität, er verleiht aber kein Recht an dem Ursprung. Im

Gegenteil ist mit dem Namen immer eine Verbindlichkeit auferlegt, die Schuld zu bedenken und dem Ursprung zu danken. Diese aktive Seite der Reflexion ist die *Zuwendung* des Denkens. Sie beginnt mit der Wertschätzung des Namens, die bereits eine symbolische Gegengabe bedeutet.

Auf die Symbolik dieser Gegengabe sind wir im letzten Abschnitt schon eingegangen. Sie steht für die Erinnerung, dass wir auf Kosten anderen Lebens leben und dies in Form eines fröhlichen Tausches zum Ausdruck bringen. Die Ernährung ist notwendig, sie ist ein Nehmen-müssen. Ernährung ist mit dem Tod des Spenders verbunden und dadurch mit Schuld beladen. Wenn diese Schuld bewusst geworden ist, braucht es eine Gegengabe. Der Wein ist diese Gegengabe. Er ist ein Dankopfer und erinnert an das Essen als Schuld. Damit ist er ein realer, aber auch idealer Essensbegleiter. Der Wein reiht das Essen in den Kreislauf des Lebens von Nehmen und Geben ein. Er ist Zeichen für diese Verbindung von Leben, Sterben und Auferstehung und zugleich der Stoff, der diesen Zyklus selbst durchläuft. Damit ist er auch eine besondere und hervorragende Opfergabe, da sie im Dank nicht nur den symbolischen, sondern auch den realen Tausch darstellt.

Hat sich das Leben im Denken offenbart und mit der existentiellen Wirklichkeit des Denkenden verbunden, dann wird nicht nur das eigene Leben, die eigene Existenz in ihrer Einmaligkeit, sondern auch die Existenz anderer Lebewesen erkannt. Das Denken kommt in die Mitte des Lebens, also dorthin, wo wir seit der Geburt schon sind. Im Denken wissen wir uns darüber hinaus als Existierende, die mit der Existenz anderer Lebewesen verbunden sind und dieses Leben mit ihnen teilen. Das Schuldbewusstsein entsteht also auch, weil Existenz geteilt wird, dass alle Lebewesen existieren und dass diese Existenz endlich ist. Diese Offenbarung, zu existieren und die Existenz zu teilen, ist die einzige Erkenntnis, die wir vom Leben haben. Wir wissen sonst nichts darüber, auch die moderne Wissenschaft nicht, obwohl sie mittlerweile viel von den Mechanismen des Lebens erkannt hat. Aber die Frage, was das Leben eigentlich ist, kann auch sie nicht beantworten, es bleibt Geheimnis.

Wenn sich das Denken philosophisch den Ursprüngen zuwendet, dann kann auch von einem *denkenden Denken* gesprochen werden. Die Formulierung geht auch auf Martin Heidegger zurück,[70] allerdings hatte schon Albert Schweitzer mit seiner Kritik an einer Wissenschaft, die „fast keine denkende Wissenschaft"[71] ist, diese Aussage vorweggenommen. Heidegger verschärfte sie, indem er feststellte, dass die Wissenschaft gewissermaßen gar nicht denken kann oder nicht bis zum Denken komme, wie wir schon erwähnt haben. Beide Autoren erwarten vom Denken einen ethischen Bezug auf das Ganze des Lebens oder des Seins, also nicht nur die Betrachtung oder Hinwendung in der Theorie, sondern auch die Zuwendung zu dem Geheimnis des Lebens in der Praxis. Das ist möglich, wenn wir denkend auf den Spuren der Schuld und ihrer Verstrickungen nachforschen. Die Wissenschaften suchen nach Ursachen, das Denken sucht nach Schuld und der Möglichkeit ihrer Aufhebung.

Erst mit der Suche nach Schuld wird das eigentliche Wissen ausgebaut. Wir wissen ja nur das eine, dass wir sind, alles andere sind Meinungen, Vermutungen, Annahmen, Hypothesen oder Modelle. Immerhin ist mit diesem Wissen zu existieren, schon sehr viel geoffenbart. Neben der Erkenntnis des eigenen Lebens und der Verbindung zu anderen Lebewesen ist es die Kostbarkeit, also der *Wert des Lebens*, der hier als hoher und höchster Wert erscheint. Die Kostbarkeit des Lebens wird in Beziehung zu den Inhalten des Lebens gesetzt, die selbst wie gesagt unbekannt bleiben. Der Wert des Lebens wird dabei zur Grundlage aller Werte und ihrer Berechnung, den moralischen Werten, den rechtlichen Werten, den ideellen und materiellen Werten.

---

[70] Heidegger, Martin: Der Ursprung des Kunstwerkes. In: Holzwege. Frankfurt am Main 1997, S. 9.
[71] Schweitzer, Albert: Kulturphilosophie. München 2007, S. 55.

Da letztlich also auch Sachwerte auf Grundlage des Wertes des Lebens berechnet werden, führt das Denken auch zum Rechnen. Die Berechnung ist Teil des Denkens und macht die Rationalität des Denkens aus. *Ratio* ist die Rechnung, wie sie etwa am Ende eines Kaufes aufgestellt wird, die aber auch schon vorgreifend, etwa durch einen Kostenvoranschlag vorausberechnet werden kann. Solche Berechnungen bleiben aber immer abhängig vom Grundwert des Wertes des Lebens. Der Grundwert selbst kann nicht berechnet werden. Er bleibt als das „Bedenklichste", wie es Martin Heidegger ausgedrückt hat, übrig, weil hier nicht „Gabe mit Gabe" vergolten wird, sondern der Wert durch das Denken zum „An-denken" gebracht wird.[72]

Das Denken ist damit auch eine Art der Rückgabe. Martin Heidegger hat das mit seiner Formel „Denken ist ein Danken"[73] zum Ausdruck gebracht und die praktische Seite des Denkens herausgehoben. Die zwei Seiten des Denkens sind hier verteilt: auf das bloß hinwendende Denken, das theoretisch bleibt, und das Denken, das sich im Danken dem Leben aktiv zuwendet. Für den Wein ist die aktive Zuwendung ausschlaggebend. Das Symbol für Schuld und Sühne zeigt sich bei der liturgischen Verwendung des Weins als Messwein. Die Weine der Klöster und Stifte wie die des Klosters Cîteaux, das den europäischen Weinbau begründet hat, wurden zu liturgischen Zwecken angebaut und sind nicht nur Erinnerungszeichen an das christliche Vermächtnis der Eucharistie, wie wir im letzten Abschnitt gezeigt haben, sie sind auch Zeichen des Dankes, die in diesem Andenken immer enthalten sind.

Der Wein ist damit ein dankbares Andenken an die Kostbarkeit des Lebens, seine Vergänglichkeit und seine ständige Erneuerung. So kann er zu der Opfergabe werden, als die er schon lange in liturgischen, aber mittlerweile auch in privaten Feiern, auch als Essensbegleiter, eingesetzt wird. Er gilt schon

---

[72] Heidegger, Martin: Was heißt Denken. Tübingen 1997, S. 94.
[73] Heidegger, Martin: Was heißt Denken. Tübingen 1997, S. 91.

lange als Zeichen des Verbündens und des Bundes aller Lebewesen. So wurde er das Fundament einer Mythologie, die ihn in den Jahrtausenden seines Anbaus immer begleitet hat. Dieses Zeichen lebt fort im Andenkens und der Andacht, dass unser Leben als Gabe nicht mit einer anderen Gabe zurückgegeben werden kann, sondern im Bedenken zum Dank wird. Hier liegt auch der eigentliche Grund, warum Weine über alle Maßen teuer und kostspielig werden können. Als Andenken und Andacht können sie zu Anlagen werden, ideelle, aber auch materielle Anlagen, weil sie den Wert des Lebens in seiner Unschätzbarkeit widerspiegeln.

3. Der Wein – ein Star im Welttheater

Als sinnliches und übersinnliches Getränk hat der Wein auch Stellvertretungen und damit Rollen übernommen. In erster Linie steht er für das Göttliche, den Gott Dionysos aber auch für Christus, er steht mit jährlicher Blüte, Reife und Ernte und seinem Jahres- und Lebensrhythmus auch für den Menschen und sein Leben. So erinnert er an das letzte Abendmahl von Christus, er begleitet Geburt, Hochzeit und viele andere Jubiläen, in denen Wendepunkte des Lebens begangen und gefeiert werden. Der Wein ist deshalb zu einem besonderen Festgetränk geworden. Er kann aber auch selbst gefeiert und zelebriert werden. Dazu sind eigene Inszenierung und Gestaltungen bis hin zu einer neuen Architektur geschaffen worden.

3.1 Die Masken des Weins

In Friedrich Nietzsches Werk *Die Geburt der Tragödie* steht das Thema der *Entgrenzung* im Mittelpunkt der Überlegungen. Die Dionysien waren für ihn ein Fest, an dem alle Grenzen, in denen die Menschen leben, fielen, vor allem die Grenze zwischen Leben und Tod, aber auch die Grenzen zwischen den Menschen und zwischen Mensch und Natur. Die Dionysien waren ein Fest zu Ehren des Weingottes Dionysos, wie wir schon ausgeführt haben. Für Nietzsche stellte er darüber hinaus auch die einzige Figur im antiken Theater dar. Alle weiteren Mitspieler bei den dionysischen Weinfesten waren *Masken des Dionysos*:

„Es ist eine unanfechtbare Überlieferung, dass die griechische Tragödie in ihrer ältesten Gestalt nur die Leiden des Dionysus zum Gegenstand hatte und dass der längere Zeit hindurch einzig vorhandene Bühnenheld eben Dionysus war. Aber mit der gleichen Sicherheit darf behauptet werden, dass niemals bis auf Euripides Dionysus aufgehört hat, der tragische Held zu sein, sondern dass alle die berühmten Figuren der griechischen Bühne Prometheus, Oedipus u.s.w. nur Masken jenes ursprünglichen Helden Dionysus sind."[74]

Inwieweit diese Aussage historisch haltbar ist, sei hier einmal dahingestellt. Wichtiger ist der Gedanke, dass Nietzsche mit der Einzigartigkeit der Heldenfigur *Dionysos*, die nur in verschiedenen Masken erscheint, auf die Einzigartigkeit des Lebens hinweisen wollte. Dionysos als der Weingott ist damit für Nietzsche der Star im Theater, er ist zugleich die Personifizierung des Weins und der Inbegriff des Lebens. Seine vielen Gesichter stehen für die Diversität des Lebens und sollen die Grenzen zwischen Menschen, den Geschlechtern, aber auch zwischen Leben und Tod auflösen.

Das Maskenspiel des Gottes hat das Maskenspiel des Weins mitbestimmt. Der Wein ist eine Epiphanie des Gottes, er ist also einer seiner Masken und tritt selbst wiederum in verschiedenen Masken auf. Auch im christlichen Kult ist der Wein eine Maske geworden und vertritt, neben dem Brot, die Anwesenheit von Christus. Als Person, Symbol und Stellvertretung in Form einer Maske zeigt das Maskenspiel auch die Identitätssuche des Menschen und seiner verschiedenen Rollen und Aufgaben, die er auf seinem Lebensweg zu übernehmen hat. Dabei hat die Maske ihre Bedeutung aus dem kultischen Gebrauch in den profanen Bereich des Alltäglichen mitgenommen und verallgemeinert.

Der Gott mit der Maske, das Maskenspiel, die Maskerade und Identitätssuche des Menschen werden durch den Wein zusammen gebracht. Der Wein versammelt Mensch und Gott, die Menschen untereinander, aber auch die Identitäten jedes Einzelnen und bringt sie aufgrund seiner berauschenden und entgrenzenden Wirkung zusammen.

---

[74] Nietzsche, Friedrich: Die Geburt der Tragödie. KSA 1, S. 71.

Die Dionysien sind deshalb für Nietzsche ein Versöhnungsfest, bei dem Mensch und Mensch und Mensch und Natur wieder „eins" geworden sind, wie er in seiner *Geburt der Tragödie* ausführt.[75] In einer Vorstufe zu dieser Schrift spricht Nietzsche auch von den „Ekelgedanken über das Entsetzliche und Absurde des Daseins", das durch das „Spiel mit dem Rausch" wie es Nietzsche nannte, aufgehoben werde.[76] Nietzsche deutet den Rausch und das Spiel mit dem Rausch als Ergänzung oder auch als Dialog[77] zu dem ordnenden und gestaltenden Prinzip des *Apollinischen*. Der Rausch wird in der Tragödie, soweit sie ein Fest der Versöhnung ist, also nur gespielt. Dabei sollen die „narkotischen Getränke" zusammen mit dem „Frühlingstrieb"[78] diesen Schein beflügeln. Es geht Nietzsche nicht nur um den Rausch selbst, sondern um die Vorstellung des Rausches auf der Bühne, aber auch im Denken, was wir heute ‚Kopfkino' nennen würden. Für Nietzsche ist gerade diese Distanz von entscheidender Bedeutung.

Diese zweifellos sehr persönliche Sicht Nietzsches auf den Dionysos-Kult macht aber deutlich, dass er sich das Weinfest nach Art einer christlichen Eucharistie-Feier ausgemalt hat. Es ist eine Zeremonie der Einswerdung im Spiel der Aufführung, bei der die Symbole der Fruchtbarkeit, Brot und Wein, zu Symbolen der Vereinigung mit Gott, Mensch und Natur werden. Auch die Anklänge an das christliche Gleichnis vom Fest des verlorenen, aber wiedergefundenen Sohnes deuten auf Nietzsches „christlich-dionysische Sicht" hin,[79] ebenso sein Hinweis auf das „Evangelium der Weltenharmonie"[80]. Die Einswerdung mit der Natur geht zwar über das christliche Verständnis hinaus, gleichwohl weist Nietzsche damit auf eine

---

[75] Nietzsche: KSA 1, Berlin 1980, S. 29.
[76] Nietzsche, Friedrich: Die dionysische Weltanschauung. KSA 1, S. 567.
[77] Grätzel: Versöhnung, S. 281.
[78] Nietzsche: KSA 1, 28f. 554.
[79] Grätzel: Versöhnung, S. 277f.
[80] Nietzsche, KSA 1, S. 29.

im Hintergrund gebliebene dionysische Seite des Christentums hin, bei der die Caritas, also die liebende Hingabe, nicht von der Erotik getrennt werden kann.

Die Schau auf die Mysterien der Tragödie einerseits und des Abendmahls oder der Eucharistie andererseits haben gemeinsam, dass sie zum Teil aus der Zuschauerperspektive und zum Teil im Mitmachen erlebt werden, dass sie also sowohl aktiv als auch passiv sind. Sie finden in einem theatralen Akt statt, bei dem auch der Rausch gespielt wird. In der Tragödie, aber eben auch im christlichen Gedächtnismahl, geht es dabei um die Auflösung des Selbstbezuges in einer Art der Selbstvergessenheit, die eine Annäherung an den Nächsten und an die Natur möglich macht. Der Rausch wird hier auch zu einem Denk-Erlebnis, er wird zu der auch durch das Denken überwundenen Vereinsamung des Individuums.

Über diese verschiedenen Reflexionen des Weins haben wir schon gesprochen. Dabei war aber immer nur vom Wein allgemein die Rede. Da der Wein aber eine Maske mit vielen Gesichtern ist, wollen wir uns nun diesen Personifizierungen zuwenden. Hier ist es wie beim Menschen. Man kann nicht vom Menschen schlechthin reden. Menschen sind immer bestimmte Menschen. Wenn Aristoteles feststellt, dass Sokrates Mensch sei, dass Menschen sterblich sind und dass deshalb auch Sokrates sterblich ist, dann verschwindet gerade der Mensch Sokrates und landet in einer Schublade der Logik. Das wollen wir nicht, denn so ist es auch mit dem Wein. Es gibt keinen Wein schlechthin, er ist immer ein Individuum, einen Wein einer bestimmten Herkunft, eines Landes, einer Sorte, eines Jahrgangs. Das unterscheidet ihn von anderen Lebensmitteln. Diese Auszeichnung macht sich an der Etikettierung fest, weshalb bei besonderen Weinen sogar die leeren Flaschen noch wertvoll sind. Auf dem Etikett stehen nicht nur Daten, hier wird die Mythologie des Weins entwickelt und festgehalten. Das Etikett hat damit eine gewaltige Macht, wenn es gut gestaltet ist.

Zunächst werden zwar nur Herkunft und Lage ausgewiesen und damit das Anbaugebiet, das Weingut, die Erzeuger. Das ist für sich gesehen noch nicht viel Mythologie. Doch hat alles einen Namen. Namen können mythenbildend sein, auch in diesem Fall. Auf einem der teuersten Weine der Welt steht nur *Petrus*, ohne Chateau oder einer weiteren Bezeichnung davor, dazu ein Bild des Heiligen, der Ort Pomerol, das Jahr und die Bezeichnung *Grand Vin*, was keine eingetragene Klassifikation ist. Die Besitzer, die Familie Moueix, ist eher nur in Fachkreisen bekannt.

Bei anderen großen Weinen und berühmten Weingütern wird aber auf eine besondere und einmalige Tradition zurückgegriffen. Ein „Hospiz de Beaune", „Clos de Vougeot" oder „Chateau Margaux" hat jeweils eine eigene Geschichte, die als Garantie für Qualität und Besonderheit hervorgehoben wird. Die hohe Qualität ist auch dieser seiner Geschichte zu verdanken.

Das macht sich in umgekehrter Weise auch bei der abfälligen Bezeichnung „Cru de Garage" für Emporkömmlinge bemerkbar. Diese Abwertung steht für die Geschichtslosigkeit und unterstellt eine fachlich nicht ausgewiesene oder fachfremde Behandlung des Weines. Allerdings haben sich einige der so betitelten Weingüter an die Spitze des Weinmarktes gesetzt. Sie konnten also einen neuen und eigenen Mythos als Newcomer entwickeln. Das zeigt, dass die Geschichte nicht alles ist. Es gibt auch moderne Mythologien, die es schaffen, eine Aura um ein völlig neues Produkt zu legen und ihm ad hoc ein der zeitlichen Tiefe verwandtes Geheimnis zu geben.

Auch hierbei spielen Namen und Bezeichnungen eine wichtige Rolle. So hatte der heute weltbekannte piemonteser Winzer Angelo Gaja zunächst keine besondere Berühmtheit. Zwar wurde das Weingut mit ihm schon in der vierten Generation geführt, was aber häufig der Fall ist und an sich noch keine Auszeichnung bedeutet. Seinen Weltruf erkämpfte er sich erst in dem Moment, als er seinen Namen in großen Lettern auf dem Etikett zum Markenzeichen machte. Natürlich half ihm hier die Besonderheit seines Eigennamens *Gaja*, steht doch *Gaia* für die Urmutter Erde. Diesen mythologischen Hintergrund hat er natürlich gekannt, er hat auch seiner Tochter den Vornamen Gaia gegeben. Sie hießt also Gaia Gaja und führt heute das Weingut. Wie ein Spieler hat Angelo Gaja auf seinen Namen gesetzt, natürlich auch mit einem hochwertigen Produkt. Mit dieser Unterschrift, wie man das nennen kann, unterstrich er von Anfang an seinen Kampf gegen verkrustete Traditionen und Vorschriften und für einen neuen und modernen Stil des Weinanbaus und der Weinkultur.

Diese Form der Vermarktung durch Innovationen ist mittlerweile weit verbreitet. Es lassen sich also zwei Extreme festmachen, die beide sehr erfolgreich sind und oft kopiert werden: die an der Geschichte von Ort und Zeit orientierte Aufbereitung und Pflege einer Aura einerseits und die gegen die Geschichte vorgehende Erzeugung einer neuen Aura durch junge Rebellen anderseits, die es schaffen, Heldenfiguren und Stars zu werden. Gaja gehört zu den Drachentötern und ist dafür in aller Welt namentlich bekannt geworden. Moueix kennt kaum jemand außerhalb der Weinwelt, dafür ist aber sein Wein *Petrus* der schlechthin weltbekannte Inbegriff eines edlen Weins.

Diese Verteilung gibt es auch in Deutschland. Neben den Weingütern mit langer Tradition, wie beispielsweise Schloss Johannisberg im Rheingau, Maxim Grünhaus von der Ruwer, Julius-Spital in Franken, oder Bassermann-Jordan in der Pfalz, kommt es auch hier zur Rebellion von jungen Wilden, zumeist junge Winzer und in letzter Zeit auch immer mehr Winzerinnen, die außer ihrem Produkt nichts zu Markte tragen als ihren Namen. Ein bemerkenswertes Beispiel dafür ist der Winzerhof Stahl in Auernhofen. Der Winzer Christian Stahl klassifizierte anfänglich seine Weine nach der Güte von Stahl (Damaszenerstahl, Edelstahl). Der Wein wurde also schlichtweg zu einem anderen Stoff, zu Stahl erklärt. Der Ausschank des Weinguts nennt sich „Weingießerei". Dabei hat der Winzer seinem Wein tatsächlich eine stählerne, sehr klare Note gegeben und konnte sich damit einen eigenen Stil und ein unverwechselbares Markenzeichen geben. Diese Vermischung von Stoff und Zeichen zeigt die geradezu grenzenlosen Gestaltungmöglichkeiten an, die es beim Wein geben kann und die zu seiner Popularität beitragen.

Das Weingut Metzger in Asselheim in der Pfalz klassifiziert seine Weine nach den Fleischzuschnitten des Rindes in *Filet*, *Pastorenstück* und *Flanke* und bildet das auch auf den Etiketten ab. Als Besonderheiten gibt es die *Pinot-Tauren*, drei hervorragende Pinot-Noir Weine, sowie einen roten und weißen *Abyssus*. Hier wird auf dem Etikett ein Stier dargestellt, der direkt aus der Unterwelt zu kommen scheint. Das Rind, der Stier sind nicht nur uralte Opfergaben, sie stehen auch für den Reichtum und waren – wie schon gezeigt – im alten Griechenland als Grundlage des Geldes auch eine Währung. Mythologisch ist die Unterwelt das Reich des Todes, aber zugleich auch der Ort, an dem der Schatz für künftiges Leben gehütet wird. Mit dem Namen Metzger verbindet also der Winzer sein Handwerk im übertragenen Sinne und trägt es in den mythologischen Kreis um Leben, Tod und Wiedergeburt ein.

Die junge Winzerin Katharina Wechsler aus Westhofen hat nicht nur ihren Namen für die Gestaltung der Etikette Ihrer Weine herangezogen, indem sie ihn graphisch gestaltet, sie hat auch das Produkt *Fräulein Hu* entwickelt, ein spritziger Perlwein vorwiegend aus der Huxel-Rebsorte (daher der Name). Diese im benachbarten Alzey entwickelte Neuzüchtung wurde in Westhofen von dem dort ansässigen Winzer Fritz Huxel seit den 50er Jahren des 20. Jahrhunderts angebaut, dann nach ihm benannt und weltweit bekannt gemacht. Katharina Wechsler bringt in ihrem neuen Produkt sowohl den historischen Bezug als auch eine Ehrung der aus ihrem Heimatort stammenden Rebe samt ihrem Entwickler Fritz Huxel, dessen Erben das Weingut noch führen, zum Ausdruck.

Ein weiteres und besonders bemerkenswertes Beispiel ist die junge Winzerin Juliane Eller aus Alsheim in Rheinhessen. In jungen Jahren übernahm auch sie das elterliche Weingut und gründete es neu, wobei sie aus dem Akronym ihres Vor- und Nachnamens, verbunden durch den Buchstaben W für Weine, die Marke JUWEL schuf. So zieren edel gestaltete Schliffe die Weine der jungen Winzerin. Die damit angedeutete Hochwertigkeit soll die Güte und Qualität des Weins garantieren. Durch die medialen Auftritte des Weinguts wird das unterstrichen. Sie haben eine sehr persönliche Note und tragen damit – im Gegensatz zum sonstigen Trend – zur Authentizität und Glaubhaftigkeit bei. Dazu gründete die junge Winzerin zusammen mit Prominenten aus der Film- und Fernsehwelt ein weiteres Weinlabel: *III Freunde Weine.* Juliane Eller gelingt es damit, die Bekanntheit des Weinanbaugebiet Rheinhessen zu steigern und auch gerade junge und junggebliebene Menschen für das deutsche Kulturgut Wein zu begeistern.

Nicht zuletzt sei hier ein Weingut aus Friesenheim in Rheinhessen erwähnt, das von der jungen Winzerin Laura Henrici geführt wird. Sie hat aus ihrem Vornamen das Markenzeichen *Aura* für ihre Weine geformt und hat damit ihrem, aber auch dem Wein überhaupt seinen eigentlichen Namen gegeben. Die Aura ist dasjenige, was dem Wein sein Geheimnis bewahrt, ihn aber zugleich und unmittelbar im Genuss präsent macht.

Neben solchen Rebellen und Erfindern, die aus ihren Namen eine Kampfansage, ein Versprechen oder einen Mythos machen, gibt es die vielen zum Teil spielerischen Varianten, die Vornamen und Familiennamen für die Vermarktung einsetzen. So nutzt ein Weingut, das sich einfach Geil, nach dem Familiennamen, nennt, die Doppeldeutigkeit des Wortes *geil*, das seine obszöne Bedeutung längst wieder abgelegt hat und zu einem Synonym für etwas ausgesprochen Schönes geworden ist.

Allen Beispielen gemeinsam ist nicht nur der gekonnte Einsatz der Namen und deren Vermarktung, hier wird auch die Kostbarkeit des Weins thematisiert und herausgehoben. So stehen nicht allein die bekannten Weingüter und ihre Tradition für Qualität, es gibt mittlerweile auch viele Newcomer, die in mancher Hinsicht, gerade weil sie sich nur auf ihr eigenes Können stützen müssen, sogar authentischer erscheinen. Dieser Einfallsreichtum ist zu bewundern, er bedient sich vor allem der Macht der Namen. Dabei kommt das zum Tragen, was Namen überhaupt bewirken. Was sind also Namen? Sie sind Masken, die zur lebendigen Verkörperung führen. Masken verkörpern jemanden, sie sind Inkarnationen, aber auch Berufungen und Titel, die einem Subjekt zugesprochen werden und dabei ein Objekt zu einem Subjekt machen und in eine Gemeinschaft stellen.[81] Schon mit dem Eigennamen wird ein neugeborener Mensch in eine Gemeinschaft eingeführt. Mit dem „Rufnamen" wird er mit der Familie verbunden, in manchen Sprachen auch als Patronyme oder Matronyme durch das Anhängen eines „Sohn – oder Tochter von –" (z.B. Johnson, Sohn des John). Hierdurch wird eine Verbindung zur Geschichte und Familiengeschichte hergestellt. Mit dem Namen wird ein Mensch nicht eingeordnet und in eine Schublade gesteckt, wie Sokrates durch Aristoteles. Er wird Teil einer Familien-, Clan- und Nationalgeschichte, indem die jeweilige Geschichte genannt wird. Sohn-von, Tochter-von sind Titel, die eine Abstammung aufrufen und erkennen lassen.

Namen können wie Masken aufgesetzt und abgesetzt werden. Deshalb scheinen sie beliebig oder ‚Schall und Rauch' zu sein. Allerdings ist das nur ein Teil der Wahrheit. Eine Maske hat einen Träger, also ein Subjekt oder eine Person. Subjekt bedeutet etymologisch zunächst nur Träger. Der Begriff *Person* stammt aus der Theatersprache und hat in der Antike die Bedeutung von *Maske*, genauer gesagt von Toten-

---

[81] Grätzel: Versöhnung, S. 107ff.

maske. *Person* bedeutet, auch etymologisch, dass jemand durch eine Maske hindurchspricht. Dabei handelt es sich um eine fremde Geschichte. Personen sind Masken, die im antiken Theater den Toten eine Stimme geben und dabei nicht nur ihre Geschichte erzählen, sondern sie auch leibhaftig auferstehen lassen. Diese Möglichkeit der Stellvertretung ist auf fiktive Personen und Personen überhaupt erweitert worden.

Auf der Bühne findet sich die Belebung und Auferstehung wieder, die wir schon beim Wein und Brot in der Doppelung als Symbol und als Stoff gefunden haben. Der Schauspieler als Person mit der Maske steht für etwas, was nicht er selbst ist, was er nur vertritt. Die symbolisch gemeinte Rolle wird dann lebendig und real, wenn sie gesprochen oder gespielt wird. Die Doppelung von Symbol oder Zeichen findet sich also in der Doppelung von Schauspieler und Rolle wieder. Das Schauspiel ist eine Maskierung, es ist aber zugleich auch eine Realisierung, da die Person hinter der Maske in Erscheinung tritt und anwesend wird.

Namen sind Masken, man kann sie absetzen oder austauschen, aber beliebig sind sie deswegen nicht. Sie sind Symbol, Zeichen und Stellvertretung und gehen eine Verbindung und Partnerschaft mit ihrem Träger ein, die immer identifizierend ist. Deshalb werden Namen auch gesucht und verworfen, sie sind fast eine zweite Haut, die man zwar wie ein Kleid ablegen kann, die aber im Unterschied zum Kleid auch nach dem Ablegen noch Spuren von Verletzungen zeigen können.

Zur Mythologie des Weins trägt damit nicht nur die Geschichte bei, sondern auch die Masken durch Namengebung und Bennungen. Die Namen rufen zwar auch eine Geschichte auf, sie sind aber auch Gründer einer neuen Zeit und Zukunft. Namen sind damit auch Innovationen, die einen zukünftigen Mythos gründen. Darauf setzen alle diejenigen, die ein neues Produkt entwickelt haben und vermarkten wollen. Auch beim Wein wird die Suche nach solchen Labels immer größer. Wer heutzutage neu auf dem Markt erscheint, muss einen neuen Mythos gründen. Dabei sind die Masken des Weins behilflich, sie haben sich in die Kultur eingeschrieben und schreiben immer wieder neue Legenden.

3.2 Die Poesie des Weins

Nietzsche hat den Weingott Dionysos in die Mitte seines Denkens gestellt und zum Star seiner Philosophie gemacht. Dafür forderte er „eine neue Welt der Symbole", wozu auch die „ganze leibliche Symbolik" gehören sollte.[82] Was er genauer darunter verstanden hat, wird aus seinem Text nicht deutlich. Man kann aber vermuten, dass der Pfarrersohn vielleicht an das Hohelied Salomos, Kapitel 7 Vers 7–10 gedacht hat. Jedenfalls soll es uns die leibliche Symbolik verdeutlichen. Hier zunächst in der Luther-Übersetzung von 1912:

„⁷Wie schön und wie lieblich bist du, du Liebe voller Wonne! ⁸Dein Wuchs ist hoch wie ein Palmbaum und deine Brüste gleich den Weintrauben. ⁹Ich sprach: Ich muß auf den Palmbaum steigen und seine Zweige ergreifen. Laß deine Brüste sein wie Trauben am Weinstock und deiner Nase Duft wie Äpfel ¹⁰und deinen Gaumen wie guter Wein, der meinem Freunde glatt eingeht und der Schläfer Lippen reden macht."

Dann noch in der aktuellen Übersetzung der *Zürcher Bibel*:

„⁷Wie schön du bist und wie anziehend! Liebe, voller Wollust! ⁸Dein Wuchs gleicht einer Palme und deine Brüste Trauben. ⁹Ich sprach: Ich will die Palme besteigen, will greifen nach ihren Rispen, und deine Brüste sollen sein wie die Trauben des Weinstocks und der Duft deines Atems wie Äpfel, ¹⁰und dein Gaumen wie der köstlichste Wein, sanft rinnt er bei meinen Liebkosungen, benetzt die Lippen der Schlummernden."

---

[82] Nietzsche: Geburt, S. 33f.

Sicher ist jedenfalls, dass diese erotische Verschmelzung von Leiblichkeit und Natur auch für Nietzsches Begriff der Schönheit maßgeblich war. Die Schönheit geht bei ihm vom menschlichen Leib aus: „Nichts ist schön, nur der Mensch ist schön."[83]

In der griechischen Mythologie ist Dionysos ein Halbgott, halb Gott, halb Mensch mit einer menschlichen Geschichte, die alle Höhen und Tiefen hat und von Leiden und Freuden geprägt ist. Ein Gott hat wie die Natur keine Geschichte. Eine Geschichte ist ja geprägt von Ereignissen, die von Menschen erlebt wurden oder werden, von Anfang und Ende, von Geburt und Tod, vom Lösen der Aufgaben und dem Bestehen der Krisen. Das alles erst macht ein Leben geschichtlich und damit erzählbar, es vermittelt auch Interessen und Mitgefühl. Das alles ist in der Natur, aber auch beim Göttlichen nicht zu finden, wohl aber bei Halbgöttern, die auch einen menschlichen Anteil haben. Neben Dionysos war es noch Herakles, auch er war ein Halbgott mit einer menschlichen, also sterblichen Mutter. Da dies auch für Christus zutrifft, haben die Mythenforscher, vor allem in der Romantik, Vergleiche und Analogien zwischen der griechischen Mythologie und dem Christentum angestellt.

Auch der Dichter und Philosoph Friedrich Hölderlin hat solche Überlegungen angestellt und diese Verbindung in einigen seiner Gedichte geknüpft. Er hat sie aber nicht an den vergleichbaren Genealogien der Herkunft aus Gott und Mensch festgemacht, sondern am Gefühl und Mitgefühl, das ein „Halbgott" wie Dionysos zu entwickeln in der Lage war. In den Gedichten *Der Weingott*, die Frühfassung von *Brot und Wein*, und *Der Einzige* wird Dionysos oder Bacchus mit dem „Halbgott" Herakles oder Herkules und mit Christus zu dem göttlichen „Kleeblatt"[84] Dionysos, Herakles und Christus verbunden. Im Gedicht *Der Rhein* macht Hölderlin darüber

---

[83] Nietzsche: Götzendämmerung, S. 124.
[84] Hölderlin, Friedrich: Der Einzige. Dritte Fassung, Vers 76. (1989) 378.

hinaus deutlich, dass es bei diesen „Halbgöttern" um eine Art Stellvertretung für die Götter oder für die Natur insgesamt geht, in der es zwar Leid gibt, aber dieses Leid nicht zum Bewusstsein kommt. Der Mensch ist dagegen nicht nur zum Leiden fähig, wie alle anderen Kreaturen, sondern kann sich dessen auch bewusst werden.

In dem Gedicht *Der Rhein* leidet der Mensch deshalb stellvertretend für die gesamte Natur: „Denn weil / Die Seligsten nichts fühlen von selbst, / Muß wohl, wenn solches zu sagen / Erlaubt ist, in der Götter Namen / Teilnehmend fühlen ein Andrer / Den brauchen sie".[85]

Der Mensch ist das Wesen, das leidet und dessen Bewusstsein leidet, das also nicht nur den Schmerz spürt, wie alle Kreaturen, sondern ihn als Teil des Lebens auf dieser Welt versteht. Die kosmischen und natürlichen Mächte sind stark und gewaltig, aber ihrem eigenen Geschehen gegenüber ohne Bewusstsein und damit auch, vom menschlichen Verständnis aus gesehen, gefühllos.

Stellvertretend für die so mitfühlenden und leidenden Menschen stehen die Dichter, die deshalb für Hölderlin selbst zu Heroen werden und in „dürftiger Zeit"[86] von einer sonst kaum noch erkennbaren Göttlichkeit der Natur zeugen. Stimme und Sprache der Dichter ist die bewusst gewordene, leidende und erlittene Natur. Natur wird durch die menschliche Sprache zur gefühlten Natur. Für Hölderlin ist die Sprache selbst ein Pathos, in dem Natur gesehen, gehört, gefühlt, geschmeckt, insgesamt also sinnlich gemacht wird. Diese Vermenschlichung der Naturvorgänge durch die Sprache haben für Hölderlin die Dichter als „des Weingottes heilige Priester"[87] vollbracht.

Die Gemeinsamkeit von Heroen und Dichtern liegt in der Überwindung des Todes trotz der Sterblichkeit. Dabei geht es nicht um die Abschaffung des Faktums, sterben zu

---

[85] Hölderlin, Friedrich: Der Rhein, Vers 109–114. (1989) 358.
[86] Hölderlin, Friedrich: Der Weingott, Vers 122.
[87] Hölderlin, Der Weingott, Vers 123.

müssen, sondern um Umdeutung des Todes vom bloßen Vernichter zum Ernährer. Dieses mythologische Motiv, das wir oben schon angesprochen haben, wird hier zur eigentlichen Aufgabe der Dichter als Nachfolger und Erben der Heroen. In einem seiner philosophischen Texte erläutert Hölderlin diese „Verfahrensweise des poetischen Geistes", wie der Text überschrieben wurde. Danach sollte und kann auch die Dichtung die „Sprache der Natur" zum Ausdruck bringen, und zwar unmittelbar. Durch eine „schöpferische Reflexion" löst der Dichter alles „in lauter Stoff und Leben auf". Dabei wird nicht über die Natur gesprochen und gedichtet, sondern mit ihr zusammen:

> „[…] daß er [der Künstler] aus seiner Welt aus der Summe seines äußeren und inneren Lebens, das mehr oder weniger auch das meinige ist, daß er aus dieser Welt den Stoff nahm, um die Töne seines Geistes zu bezeichnen, aus seiner Stimmung das zum Grunde liegende Leben durch diß [dies] verwandte Zeichen hervorzurufen, daß er also, insofern er mir dieses Zeichen nennt, aus meiner Welt den Stoff entlehnt, mich veranlaßt, diesen Stoff in das Zeichen zu übertragen, […]"[88]

Für ein heutiges Verständnis klingt das dunkel und unrealistisch, wenn man aber in die Tiefen von Hölderlins Denken eintaucht, dann klärt sich der Zusammenhang auf. Es wird ein Dialog zwischen dem Dichter und seinen Lesern deutlich, bei dem der ‚Sender' durch ein Zeichen eine gemeinsame Stimmung wachruft, die dann auch beim ‚Empfänger' in ein Zeichen verwandelt wird. Diese Kommunikation ist auf der Basis des gemeinsamen Lebens, das wir alle teilen, möglich. Solche Vorgänge sind uns auch im Alltag geläufig und von daher gut verständlich. Es geht, ohne Hölderlins Gedanken verkleinern zu wollen, dabei vor allem darum, eine gemeinsame Emotion auszudrücken und zu kommunizieren. Solche Erfahrungen

---

[88] Hölderlin, Friedrich: Sämtliche Werke und Briefe. Hg. V. Michael Knaupp. München 2019, Bd. 2, S. 99.

kennen wir aus der Musik, aber auch aus Naturerfahrungen und vielem anderen mehr. Sie sind einzigartig, gleichwohl können sie mit anderen geteilt, also mitgeteilt werden. Die Rolle der Sprache und des Ausdrucks ist hier entscheidend. Diese Gedanken schließen an das an, was wir oben über Stimmungen und Atmosphären gesagt haben. Hier kommt noch dazu, dass es um Erfahrungen geht, die über Zeit und Raum hinweg geteilt und mitgeteilt werden soll. Es handelt sich dabei um ganz konkrete Erfahrungen, also um den Augenblick und seine Aura. Wenn aber ein solcher „Stoff" in ein Zeichen übertragen wird, wie Hölderlin das andeutet, dann bekommt das Einmalige eine überzeitliche und vielleicht auch allgemeine Bedeutung. Das führt auch dazu, dass sich das Zeichen vom Stoff löst und gleichsam selbständig wird. Es führt aber auch dazu, dass sich dabei die Bedeutung abschwächt.

Das ist aber das Los aller Bilder und Metaphern. Einerseits bewahren sie ein besonderes Erlebnis auf, andererseits entfernt sich durch diese Übertragung das Zeichen von seinem Stoff und wird zu einem leeren Begriff, der „knöchern und 8eckig wie ein Würfel, doch nur als das Residuum einer Metapher übrig bleibt,"[89] wie dies Friedrich Nietzsche in einem anderen seiner frühen Texte feststellte. Es kann aber durchaus auch das Umgedrehte stattfinden, dass ein leer gewordener Begriff sich wieder mit Stoff anfüllt. Der Weg von der Metapher zum Begriff ist keine Einbahnstraße, wie Nietzsche glaubte. Viele Begriffe werden mit alten oder neuen Inhalten gefüllt und werden dabei wieder zu Metaphern. Vom dichterischen Handwerk aus betrachtet, ist das sogar der Weg der Lyrik und Poesie. Zwischen Stoff und Zeichen bleibt also eine wechselseitige Verbindung bestehen.

Die gilt insbesondere für den Wein als Stoff und Zeichen für Leib und Leben. In Hölderlins Gedicht *Der Weingott* sind

---

[89] Nietzsche, Friedrich: Über Wahrheit und Lüge im außermoralischen Sinne. Kritische Studienausgabe, Bd. 1. Berlin 1980, S. 882.

Brot und Wein das letzte Zeichen eines Bundes mit den Göttern, nachdem sie sich von der Erde und den Menschen abgewandt haben.

„Nemlich als vor einiger Zeit, uns dünket sie lange, / Aufwärts stiegen sie all, welche das Leben beglükt, / Als der Vater gewandt sein Angesicht von den Menschen, / Und das Trauern mit Recht über die Erde begann, / Als erschein zulezt ein stiller Genius, himmlisch / Tröstend, welcher des Tags Ende verkündet und schwand, / Ließ zum Zeichen, dass einst er da gewesen und wieder / Käme, der himmlische Chor einige Gaaben zurük." [90]

Die Götter lassen diese Zeichen als Gaben zurück. Auch hier verbindet Hölderlin die griechische Mythologie mit dem Christentum und sieht in Brot und Wein nicht nur ein Zeichen des Gedächtnisses an Jesu, sondern an alle jene Zeiten, in denen die Götter noch unter den Menschen wohnten. Diese Gaben sind Zeichen und Stoff dieser Erinnerung.

Von dem Gedicht *Der Weingott* gibt es insgesamt drei Fassungen. Die zwei späteren tragen den Titel *Brot und Wein*. Damit wird eine Konzentration auf diese Gaben gelegt, die Jesus zum Zeichen eines göttlichen Lebens auf Erden hinterlassen hat. Sie sind also der letzte göttliche Stoff, der zugleich Zeichen des ehemaligen, aber auch des künftigen Bundes von Göttern und Menschen ist. Die Gaben werden damit auch zum Zeichen der Wiederkunft des „kommenden Gottes"[91].

Gaben sind ja nicht nur Geschenke, sie sind in erster Linie Opfergaben. In diesem Fall sind es Opfer der Götter an die Menschen. Auch hier bei Hölderlin haben wir eine Verkehrung. Nicht den Göttern oder dem Gott wird geopfert, sondern die Götter oder Gott opfern den Menschen. Die Verkehrung nimmt Hölderlin aus dem christlichen Glauben der Hingabe Gottes an die Menschen. Er verlegt die Ursprünge aber zurück in die Antike. „Dorther kommt und

---

[90] Hölderlin, Der Weingott, Vers 125–132.
[91] Hölderlin, Brot und Wein, Vers 54.

zurück deutet der kommende Gott".[92] Er sieht in Jesus sowohl den letzten der griechischen Götter als auch den kommenden Gott.

Diese theologische Eigenmächtigkeit mag der dichterischen Freiheit Hölderlins zugestanden sein, ohne dass sie uns heute etwas zu sagen hätte. Allerdings leben wir in einer Zeit, in der die Rückgewinnung eines Naturbezuges auf ökologischer Grundlage zum wichtigsten Anliegen geworden ist, hinter dem auch theologische Deutungshoheiten der Religionen zurückzustehen haben. Hölderlin verwandelt die Hingabe Gottes für die Menschen zu dem Naturphänomen. Die Liebe der Natur zu den Menschen kann so an den Symbolen von Brot und Wein deutlich gemacht werden. Sie sind Stoff und Zeichen eines Bündnisses, in dem der Natur eine göttliche Würde zukommt. Dies kann als neuer Pantheismus auf der Basis der christlichen Liebe gesehen werden, es kann aber auch völlig losgelöst von theologischem Ballast als Liebesbezeugung verstanden werden, die von der Natur ausgeht und der Natur zurückgegeben wird.

Brot und Wein wären auch Zeichen und Stoff eines Bundes mit der Natur. Der Wein ist als Blut ein „ganz besondrer Saft",[93] er steht wie das Blut für das Leben insgesamt, das individuelle wie das allgemeine, er ist Inbegriff von Leib, Körper, Familie und Stamm. Damit umfasst es das Leben in seinen Zeitdimensionen der Gegenwart, Vergangenheit und Zukunft. Beide, Blut und Wein, sind sowohl Stoff als auch Zeichen, eine Metapher, die uns zu allen Lebenswirklichkeiten hinbringt, aber auch in dieser Wirkmächtigkeit immer wieder missbraucht werden kann.

Der Wein ist nicht nur Zeichen und Metapher des Blutes, er kann auch der Stellvertreter für Blut werden, wie wir das am „Kelterbild" gesehen haben. Auch die Rebe hat im christlichen Verständnis eine solche Stellvertretung bekommen. („Ich bin

---

[92] Ebd.
[93] Goethe, Johann Wolfgang: Faust. Der Tragödie erster Teil, Vers 1740.

der Weinstock, ihr seid die Reben,", Joh 15,5) Eine solche Aufwertung wirkte dann auch in den profanen Umgang mit dem Wein hinein und hat auch den Beruf des Winzers mit einbezogen, wie wir schon angedeutet haben. „Er bedeutet das untrennbare Einssein Jesu mit den Seinigen, die alle durch ihn und mit ihm Weinstock sind und deren Berufung es ist, im Weinstock zu ‚bleiben'. Auch der nicht gläubige Weinfreund kann in der Arbeit im Weinberg und im Weinstock zumindest eine Metapher erkennen: Wein ist Sinnbild des Lebens."[94]

In der Gleichstellung von Wein, Rebe und Blut wurzelt die gesamte Poesie des Weins, die mit der Geschichte des Weinbaus eng verbunden ist. Sie beginnt schon lange vor dem Christentum und geht auch über das Christliche hinaus. Blut und Wein stehen für Leib und Leben und vertreten sich wechselseitig. Das Zeichen wird zum Stoff und der Stoff zum Zeichen. Stoff und Zeichen verweisen aufeinander, sie können auch gleichgestellt werden. Nur aufgrund dieser poetischen Figur, wie wir sie im „Kelterbild", aber insbesondere bei Hölderlin gesehen haben, konnte der Wein zu der göttlichen Epiphanie werden. Diese Geschichte setzt sich heute auch im profanen Umgang fort. Auch unabhängig vom Christentum führt die Poesie des Weins zu einer Aufwertung und Erhebung des Getränkes über andere hinaus. Das Christentum gibt hier zwar einen sehr wichtigen und vielleicht entscheidenden Anstoß, aber die Poesie des Weins, die wechselseitige Vertretung und symbolische Verschmelzung von Rebe, Leben, Wein und Blut sind auch hier die Voraussetzung dazu.

Für die Verschmelzung ist eine besondere Sprache notwendig, wie an Hölderlin zu sehen ist, es gibt aber auch andere, archaische Sprachen, die auch die Besonderheit des Weins als Symbol für die Würde der Natur über die anderen Gaben der Natur heraushebt. Zu ihnen gehört die Architektur.

---

[94] Müller-Kaller, Bernd: Wein-Philosophie. Nachdenkliches und Informatives zum Wein. Leipzig 2011, S. 21f.

3.3 Die Architektur des Weins

Der Begriff *Theater* vereint schon in der Antike die Elemente des Dionysos-Kults und seiner Performanzen zu dem Bauwerk, dem *Theatron*. Er ist eng verwandt mit dem Begriff *Theorie*, beides leitet sich vom griechischen Wort *theoreîn* für *Sehen* ab. Das Bauwerk dient also der Schau (griechisch *thea*). Wir würden das heute mit *Show* bezeichnen. Die Show wird durch eine besondere Inszenierung ermöglicht, die sich zuerst in der Architektur ausdrückt. Dies ist nun nicht nur beim Theaterbau zu erkennen, wenngleich es hier besonders eindrücklich ist, da sie der Darstellung selbst dient. Jede Architektur ist ein Sprachbild mit einer bestimmten Botschaft, die in die Tiefe des menschlichen Lebens greift. Architektur ist nicht das bloße Entwerfen und Bauen von Häusern und Wohnunterkünften, das könnte auch eine einfache ‚Tektur' leisten, wie es leider heute gleichwohl der Fall ist. Die Architektur ist eine Kosmogonie, die der Erzeugung, Gestaltung und Heraushebung der unterschiedlichen Welten dient, in denen wir leben. Dazu gehört die Gegenwart des Alltags, es gehören dazu aber auch die Unter- und Überwelten der Vergangenheit und Zukunft, die unterschiedliche Formen des Jenseits prägen und durch Feste und Denkmäler erinnert und präsentiert werden.

Wir sind auch hier wieder bei der Frage nach Leben, Tod und Auferstehung. Diesmal geht es aber um die Orte, wo Lebende sich aufhalten und wo auch den Toten ein Platz eingeräumt wird. Die Architektur verbindet diese unterschiedlichen Welten des Sichtbaren und Unsichtbaren, wie wir am Bau der Pyramiden und vieler gleichartiger Denkmäler und Grabstätten sehen. Sie dient dazu, eine lebendige Beziehung zwischen Lebenden und Toten herzustellen, die ein würdiges und fruchtbares Verhältnis ermöglicht. Die Beziehung zu den Toten ist die Basis allen lebendigen Wachstums und von daher fundamental. Sie kann auch als Grund aller Kultur gelten.

Da der Wein mit seiner Mythologie auch mit den Totenkulten verbunden ist, hat sich hier, natürlich im kleineren

Rahmen, eine Architektur entwickelt, die sich der Beziehung zwischen dem Sichtbaren und Unsichtbaren widmet. Diese Architektur der Weingüter und Weinkeller hat eine eigene Sprache entwickelt, an der viele der Ansätze, die wir oben behandelt haben, sichtbar gemacht werden können. Zum einen ist es die Mythologie und ihre Verbindung zum Reich der Toten, es ist aber auch die Integration der Weinberge und der sonstigen Umgebung mit einer gezielten Aussage und Bedeutung, und es ist nicht zuletzt die Sinnlichkeit des Weins. Die Weingüter sind damit nicht nur Produktionsstätten, sie sind Bauwerke, die im günstigen Fall eine Kosmogonie veranschaulichen. Dabei kommen Mythos und Funktionalität zusammen.

Da Weine eine konstante und kühle Temperatur brauchen, werden sie bevorzugt in Kellern gelagert. Keller sind aber unterirdisch, sie repräsentieren die Unterwelt und sind Grüften und Gräbern vergleichbar. Viele Weinkeller gleichen deshalb Krypten und werden gern als Kathedralen bezeichnet. Hier reifen die edlen Gewächse bis zu ihrem Tag der Auferstehung. In den alten Châteaux und Weingütern ist ein solcher religiöser Bezug des Weines noch spürbar, auch wenn sie längst profaniert wurden und nicht mehr in einem kirchlichen Zusammenhang stehen.

In jüngerer Zeit hat sich das aber verändert. Seit einigen Jahrzehnten ist eine eigene Weinarchitektur entstanden, die auch über die Fachwelt hinaus für Aufmerksamkeit sorgt. Hier zeigt sich nicht nur die gewachsene wirtschaftliche Bedeutung des Weins, die Architektur ist auch Teil der „Weinphilosophie" geworden, wie Heinz-Gert Woschek in einem seiner Bücher schreibt.[95] Dabei ist eine Abkehr vom Wein als Mysterium und eine Hinwendung zu „Faszination Wein"[96] zu er-

---

[95] Woschek, Heinz-Gert u.a.: Wein und Architektur. München 2011, S. 7.
[96] Woschek, Heinz-Gert, u.a.: Wein und Raum. Architektonische Konzepte zum Präsentieren, Probieren und Genießen. München 2014, S. 7.

kennen. Diese Entwicklung kann man an der Gestaltung moderner Weingüter mit ihrer besonderen Architektur ablesen. Sie sind zumeist an dem nüchternen Bauhaus-Stil in der Nachfolge des Gründers Walter Gropius orientiert, bei dem es darum geht, Funktionalität zu einem ästhetischen Kriterium zu machen. Dabei dominieren Stahl, Glas und Beton mit möglichst glatten Flächen und eckigen Kanten. Philosophisch gesehen wird damit Rationalität und Nüchternheit, aber eben auch Modernität ausgedrückt. Der Bauhaus-Stil steht für die Moderne schlechthin.

Die moderne Weinarchitektur möchte also den mythisch-religiösen Ballast abwerfen. Das Problem hierbei ist aber, dass Rationalität und Nüchternheit nicht spezifisch sind für den Wein. Bauwerke in dieser Erscheinungsform könnten deshalb auch allen anderen Zwecken dienen. Viele moderne Weingüter gleichen auch hochwertigen Verkaufshäusern, etwa den Autohäusern von Edelmarken. Dabei wollen sie eher zum Ausdruck bringen, dass hier ein Luxusprodukt angeboten wird. Teilweise wirken sie auch wie Fremdkörper in der Landschaft oder in den Weinbergen. Hier wird also eine Gratwanderung unternommen, die durchaus misslingen kann.

Der Bauhaus-Stil als Inbegriff von Modernität eignet sich trotzdem als Grundlage, wenn dabei auch wieder auf alte Konzepte zurückgegriffen wird. Solche modernen Verbindungen mit dem Mythos des Weins erzeugt dann zwar eine oft widersprüchliche, aber sehr reizvolle Architektursprache einer eigenen Weinarchitektur. Als besonderes Beispiel sei hier die *Opus One Winery* in Nappa Valley genannt, die, wie sein Architekt Scott Johnson feststellt, zugleich „klassisch und zeitgenössisch" ist.[97] Nappa Valley, Kalifornien und die neue Welt sind als Newcomer auch zu Vorreitern einer eigenen Weinarchitektur geworden, bei der die „Grenze zwischen Architektur, Landscaping und Landart fließend ist."[98]

---

[97] Meyhöfer, Dirk; Gollnik, Olaf: Die Architektur des Weines. Ludwigsburg 1999, S. 157.
[98] Meyhöfer; Gollnik; S. 14.

Diese architektonischen Verbindungen von Wein und Kunst haben dann auch in Europa zu „Funkenflüge der Architektonik und einen Parforceritt durch die Architekturgeschichte des 20. Jahrhunderts und wiederum dessen Vorgeschichte" geführt, wie der Architekt Dirk Meyhöfer feststellt.[99] Weingüter sind selbst Kunstwerke geworden. Hierbei spielt auch eine Rolle, dass es in der Welt der Reichen und Prominenten beliebt ist, sich Weingüter zu kaufen oder zu bauen, die sie dann nicht nur als Prestigeobjekt verstehen, sondern auch als Teil ihrer Kunstsammlung.

Die moderne Weinarchitektur führt also in manchen Fällen vom Wein ab, sie kann aber einen neuen und besseren Zugang zum Wein ermöglichen. Dabei geht es wie bei jedem Geschäft auch darum, immer wieder neue Interessenten und eine neue, vor allem eine junge Kundschaft zu finden. Darüber hinaus hat aber das Weingut als Kunstwerk eine große Ausstrahlung auf den Wein selbst. Es gibt ihm die Aussage, ein besonderes Produkt der Natur zu sein, wie der Neubau des Weinguts von Franz Keller in Oberbergen zeigt.

Dieses besonders geglückte und deshalb zurecht oft zitierte Beispiel einer organischen Weinarchitektur spricht für den Wein, der hier erzeugt wird. Hierbei werden nicht nur verschiedene alte und Stile verbunden, die Gebäude sind vor allem der „Architektur der Natur" anpasst, wie sein Architekt Michael Geis heraushebt.[100] Damit wird das wohl wichtigste Kriterium einer spezifischen Weinarchitektur genannt, die Integration der Welten, angefangen bei Umgebung und Natur.

Wenn die Natur und die Landschaft architektonisch verstanden werden, dann gibt es auch für die Natur einen Architekten. Wir finden hierbei eine Rückkehr in ein religiöses Verständnis der Schöpfung. Durch diesen religiösen Bezug wird die funktionalistische Architektur der Moderne wieder deutlich erweitert. Solche Haltungen der Demut und Ehrfurcht

---

[99] Meyhöfer, Dirk, Frahm, Klaus: Die Architektur des Weines. Stuttgart 2015, S. 14.
[100] Meyhöfer: 2015, S. 118.

vor der Natur und dem Leben fanden sich schon bei den Pionieren der Moderne Frank Lloyd Wright, Hugo Häring oder Hans Scharoun, die zwar die Prinzipien der Moderne aufgegriffen, sie aber anders interpretierten und weiterführten. Die moderne Weinarchitektur geht vielfach diesen integrativen Weg und ist damit, wie der Wein selbst, ein Vorreiter für ein modernes Verhältnis zur Natur und zum Leben, das von Ehrfurcht, Demut und Dankbarkeit bestimmt wird.

3.4 Das Fest des Weins

Wir hatten oben darüber gesprochen, dass der Wein auch schon vor seiner christlichen Einsetzung ein sakramentales Lebensmittel war und dass diese Weihe in den alltäglichen und profanen Gebrauch bis heute abstrahlt. Der Wein kann deshalb die Feierlichkeit bei profanen Festen heben, er kann darüber hinaus auch selbst in eigenen Ritualen zelebriert werden. Dabei kommt das zum Tagen, was den Wein als Stoff und Zeichen ausmacht: der Genuss und das Gedächtnis. Genuss steht für Sinnlichkeit, weil der Wein alle Sinne anregt, Gedächtnis steht für das Einschreiben dieses Genusses in einen Ritus wie dem des christlichen Glaubens.

Bei den Ritualen wird ein großes Erlebnis in seinem Ablauf mithilfe einer Dramaturgie noch einmal durchlebt. Sie baut einen Spannungsbogen auf, der auf einen Höhepunkt hinzielt. Der Höhepunkt ist das Ereignis, das den ursprünglichen Augenblick einst zu einem großen Erlebnis gemacht hat. Er muss so spannend inszeniert und performiert werden, damit das Erlebnis an das Original herankommt. Die Inszenierung ist zwar immer ein Zusatz und bleibt ein fiktives Element, sie ist allerdings der Wahrheit nicht abträglich, wie das bei der Erzählung auch der Fall ist.

Rituale wiederholen ein Gründungsereignis in einem Rahmen, der dieses Ereignis heraushebt und würdigt. Die Würdigung geschieht durch eine besondere Sprache, die den Charakter eines Hymnus hat. Die Sprache entwickelt hierbei schon eine eigene Performanz. Diese Performanz wird dann durch weitere Inszenierungen unterstrichen. Eine oder vielleicht die wichtigste solcher Inszenierungen ist, wie wir schon gesehen haben, die Architektur. Sie spielt auch bei religiösen und politischen Ritualen eine Hauptrolle, indem sie den äußern Rahmen angibt. Innerhalb dieses architektonischen Rahmens kommen dann die spezifischen Inszenierungen zum Tragen, die dem jeweiligen Anlass, einem religiösen Fest oder einem politischen Ereignis dienen.

Die Dionysien und Bacchanale der Antike fanden in eigens dafür entwickelten *Theatern* statt. Wir können die Reste und Ruinen heute noch besichtigen, etwa in Ephesus, Pompeij, Orange in Südfrankreich oder in Aspendos in der Türkei. Auch heutige Begriffe wie *Szene* oder *Orchester* sind solche Überreste und hatten hier ihren Ursprung. Die Feste, die dort gefeiert wurden, waren Frühlingsfeste, bei denen die Sinnlichkeit zum Zeitpunkt der beginnenden Fruchtbarkeit auf den Feldern gefeiert wurde. Er fiel mit dem Abschluss der Gärung des Weins aus dem vergangenen Jahr zusammen. Beides waren Anlässe, die die Grundlagen der Erneuerung des Lebens selbst betreffen.

Dieses große Motiv steht bis heute hinter vielen Festen, die von Menschen gefeiert werden, die Weinfeste aber bringen es explizit hervor. Dionysos und Bachus wurden als Götter vorgestellt und dargestellt. Sie waren aber nie allein sondern hatten immer ein Gefolge. Das unterscheidet den Weingott von allen anderen Göttern. Er ist gesellig und steht auch als Teil für das Ganze. Die großen Dionysien in Athen zeigten trotz der zivilisierten Form, die sie gegenüber den ländlichen Festen hatten, eine Ausgelassenheit, wie wir sie heute beim Karneval, Fasching, aber auch bei den Umzügen und Demonstrationen des Christopher-Street-Day finden. Dabei geht es auch um die Grenzenlosigkeit der Erotik, um das Ausbrechen aus bürgerlichen Vorstellungen über Geschlecht, Geschlechtlichkeit und Sexualität. Auch heutige Feste sind dionysisch, wenn es um diese Bedeutung der Erotik und ihre

Entfesselungen geht. Hier wird der Neubeginn nach dem Absterben und dem Tod gefeiert, gewissermaßen aber auch schon herbeigerufen. Die Feste sind ein Weckruf aus der Depression des Winters, sie wollen aber auch zeigen, dass das Alte immer wieder neu wird. Deshalb ist der Wein in seiner Doppelgestalt als symbolische und reale Anregung auch ein Erreger neuen Lebens, sowohl in allgemeiner Hinsicht auf die gesamte Natur als auch im privaten Bereich.

Das Weinfest war und ist ein Frühlingsfest, bei dem die Erneuerung des Lebens gefeiert wird. Der Frühling schließt sich an den Winter an, das Frühlingsfest vertreibt auch den Winter, aber es darf ihn nicht vergessen, denn der Winter wird wiederkommen. Damit ist es auch ein Gedenkfest an die Toten, die das neue Leben ermöglichen. Denn die Erneuerung ist nur möglich, weil eine Lebensform abgelebt hat.

Dieses Motiv gibt es aber auch außerhalb religiöser Praxis. Hier haben sie eine menschlichere Note und sind nicht mit Herrschaftsansprüchen verbunden, wie dies im religiösen und politischen Bereich der Fall ist. So gilt die Feier von Geburtstagen, Hochzeiten, Namenstagen und anderen Jubiläen, aber auch von Begräbnissen und Sterbetagen, immer der Ehrung und Würdigung von Personen und ihrem Dasein hier auf der Erde. Zu solchen Feiern gehört der Wein, weil er, wie schon dargelegt, infolge seiner Vielfalt als Gewächs, Getränk, Zeichen und Symbol für das Leben steht und damit auch selbst personifiziert ist.

Das Ritual beginnt also mit der Gestaltung der direkten Umgebung von Landschaft und Architektur und setzt sich in die einzelnen Handlungsverläufe fort, die der Präsentation oder besser: Weihe des Weins gewidmet sind. Das sind die an sich profanen Schritte, den Wein vorzustellen, etwa das Verlesen des Etiketts und gegebenenfalls der Weinbeschreibung, der Öffnung der Flasche, der Prüfung des Korkens durch die Nase und dem Abgießen eines Schluckes zur ersten Prüfung des Zustandes. Danach folgt die in jedem Fall notwendige kürzere oder längere Belüftung des Weins durch Dekantieren,

Einschenken und Schwenken, das Bild im Glas, der Kontakt mit der Nase und dann mit dem Mund. Kurz gesagt werden hier alle einzelnen Sinne bemüht, das Sehen, Hören, Riechen, Schmecken und sogar das Fühlen der Textur, das sich aber schon am Glas und den ‚Fenstern' zeigt, die der Wein bildet. Der Wein wird hier auf seine Sinnlichkeit hin zelebriert, wie wir oben gezeigt haben.

Ist der Wein nicht nur Festbegleiter, sondern selbst Gegenstand des Festes, dann wird er auch selbst als Person gefeiert. Das geschah schon bei den antiken Festen, bei denen der Wein mit dem Weingott zusammenfiel und als Gott gefeiert wurde. Auch heute ist im christlichen Ritus der Wein noch personifiziert, indem er stellvertretend für das Blut Christi steht, auch wenn es, wie wir schon zeigten, einen langen Streit gibt, ob er dabei Stoff oder Zeichen ist. Außerhalb der religiösen Praxis werden insbesondere kostbare Weine personifiziert, wenn sie einen legendären Ruf haben, wie manche Weine aus dem Bordelais. Solche Ikonen strahlen auch auf andere Weine ab, die von dort kommen oder die ein gewisses Alter haben und eine seltene Qualitätsstufe einnehmen. Auch Weine aus sehr wertvollen Weinbergen oder Trockenbeerenauslesen, Eisweine oder Strohweine entwickeln diesen Nimbus, der sich, wie wir gezeigt haben, aus der Verschmelzung von Stoff und Symbol ergibt und einen personalen Status entwickelt.

Solche Weine werden dann nicht einfach getrunken, sie brauchen ein eigenes Ritual, eine besondere Umgebung, spezielle Gläser oder Becher, wie den *Tastevin* in Burgund oder die modernen Entwicklungen von Weingläsern etwa durch *Zalto* oder *Gabriel*. Diese Gläser und Becher bringen nicht nur ein besseres Geschmackserlebnis und -Ergebnis, sie haben auch einen quasi-religiösen Charakter, indem sie die Besonderheit des Glases hervorheben wie beim Kelch des christlichen Abendmahls.

Er braucht aber wie bei anderen Kulten auch eine eigene Sprache für die Beschreibung und Würdigung des Weins. Für diesen weltlichen Kult werden wie im religiösen Ritus neben den eigens dafür gebaut und eingerichtete Räume auch Zelebranten notwendig, die auch eine quasi priesterliche Autorität haben.

Dazu gehört auch die Weinkritik mit ihren einschlägigen Journalen, die, beginnend mit Robert Parker, ein eigenes Bewertungssystem entwickelt haben und damit einen erheblichen Einfluss auf den Weinmarkt nehmen. Da dieser Markt aber ständig wächst und nahezu unübersichtlich geworden ist, ist solche Orientierung durchaus notwendig geworden, auch um die Diskussion um einzelne Weine oder Weingüter zu entfachen und am Laufen zu halten.

Dass ein Wein so etwas eigentlich nicht braucht und einfach nur schmecken muss, wie immer wieder gesagt wird, ist eine grandiose Verkennung dieses Lebensmittels. Wein ist weder Saft noch Marmelade, die man zum Brot trinkt oder aufs Brot schmiert. Große Weine schmecken zum Teil gar nicht mehr, weil sie einfach zu alt sind. Bei Blindverkostungen fallen sie durch, wenn sie überhaupt noch zu einem solchen Zweck missbraucht werden.

Blindverkostungen gelten ja überhaupt als die obersten Gerichte in Sachen Wein. Tatsächlich sind sie nicht mal das, was sie heißen. Es sind nämlich Verkostungen durch Menschen, die nicht blind sind, sondern sich nur blind stellen. Dabei geht es eigentlich darum, die Granden, also ehrwürdige Chateaus mit ihren teuren Weinen, vom Sockel zu stoßen, um den Newcomern eine Chance einzuräumen. Das ist natürlich völlig legitim. Es hat etwa den Aufstieg der kalifornischen Weine, aber auch vieler unbekannter und unterschätzter Weine aus aller Welt ermöglicht und zur Vielfalt des Weinmarktes beigetragen. Auch die Qualität ist durch Blindverkostungen verbessert worden. Ein objektives Kriterium ist sie deshalb noch lange nicht. Was man immer auch mitschmeckt, ist die Legende der Weine. Sie muss bekannt sein und sollte bei der Verkostung nicht ausgeblendet werden, es sei denn aus Gründen, wie sie gerade genannt wurden. Was obendrein eine Rolle spielt, sind, wie schon ausgeführt, die Umgebung und die

Stimmung, in der der Wein getrunken wird. Der Wein wird mit allen Sinnen, den physischen und den metaphysischen, wahrgenommen. Metaphysisch ist dabei alles das, was von vorn herein in den physischen und sinnlichen Genuss unbemerkt einfließt. Etwa, wenn ein Wein sehr teuer war, wenn es ein berühmter Jahrgang ist, wenn er aus dem Urlaub mitgebracht wurde, aber auch die objektiveren Vor-Urteile, wie wir sie nennen wollen: wenn ein Wein von einem berühmten Weinberg oder Weingut kommt. Die Blindverkostung will diese Anteile ausschalten und schafft das natürlich auch, sie bringt aber neue hinzu. Etwa die Meinung, dass Weine unabhängig von der Umgebung eingeschätzt werden könnten. Einen objektiven Status gibt es hier nicht. Eine Umgebung kann bei einer Blindverkostung für bestimmte Weine förderlicher sein als für andere. Jeder Wein hat seine eigene optimale Umgebung. Welche das ist, gehört zu den Geheimnissen, die jeder Weingenießer für sich herausfindet und kultiviert. Der Wein ist eben ein Mysterium.

Wenn wir oben von der Kostbarkeit dieses Lebensmittels gesprochen haben, die immer wieder verfeinert werden kann, dann ist auch diese Form der Wertschätzung durch Worte, also durch Beschreibungen und Legenden gemeint. Ein Wein wächst über den sinnlichen Genuss hinaus. Genau aus diesem Grund hat er auch diese wirtschaftliche Bedeutung erlangt. Er ist Begleiter in allen Lebenslagen, er ist Gedächtnis und Erinnerung an besondere Augenblicke, er wird eingelagert, um weiter zu reifen, aber auch, um daran zu erinnern. Über den persönlichen Wert solcher Sammlungen ist der Wein auch Anlage und Spekulationsobjekt. Den Gründen dafür sind wir nachgegangen. Dabei braucht es nicht unbedingt ein teurer Wein zu sein, der persönliche Wert kann auf jeden beliebigen Wein übertragen werden. Er bietet den Stoff für jede Art von Aufwertung, denn Wein ist und bleibt auch Zeichen und Symbol für das Leben.

Schlussbemerkung und Ausblick

Der Wein hat eine reale und eine symbolische Seite, er ist Stoff und Zeichen. Wir sind von einem zum anderen gegangen, haben Grenzen überschritten und dabei die Transzendenz und die Transsubstantiation des Weins kennengelernt. Im Stoff finden sich die Elemente Erde, Wasser, Luft und Feuer, aber diese Elemente sind wiederum wesentlich beeinflusst von den Reflexionen des Weins, die als Symbole aus dem Erleben, der Erinnerung und dem Denken in den Wein einfließen. Erst die Gesamtheit der Elemente und Symbole und ihre Wechselseitigkeit machen seinen Genuss aus. Sie bestimmen auch die Heilkraft und gesundheitliche Wirkung des Weins. Auch als Heilmittel hat der Wein diese beiden Seiten. Er ist ein reales und spirituelles Heilmittel, das aufgrund seines giftigen Anteils an Alkohol dosiert werden muss, wie jedes andere Heilmittel und Medikament auch. *Sola dosis facit venenum*, allein die Menge macht es aus, ob ein Medikament wirkt, ob es heilt oder vergiftet. Gifte in geringen Mengen haben eine heilende Wirkung, das wissen wir auch von anderen Stoffen.

Wie schon erwähnt, wäre auch beim Wein ein Beipackzettel mit „Risiken und Nebenwirkungen" gut, um auf die heilsamen und heilenden Wirkungen hinzuweisen. Solche Hinweise finden aber andernorts statt, etwa in Zeitungen, wie jüngst in der FAZ vom 3. Juli 2021, wo unter dem Titel *Wein auf Rezept* das Buch *Wein ist gesund* von Hans-Ulrich Grimm besprochen wird. Der Autor stellt heraus, dass die Gefahr für die Gesundheit genau so groß sei, wenn auf Wein vollständig verzichtet wird.[101] Hier wird sogar auf medizinischer Ebene für einen gemäßigten Weinkonsum plädiert.

---

[101] Grimm, Hans Ulrich: Wein ist gesund. Wie er uns stärkt und glücklich macht. München 2021.

Es gibt aber auch andere Ebenen neben der medizinischen, die für die Gesundheit ebenso wichtig sind. Der hinter uns liegende Weg wollte das deutlich machen. Gesundheit ist schon allgemein gesehen keine rein naturwissenschaftliche Angelegenheit. Das trifft auch beim Wein zu. Bei der philosophischen Einschätzung überwiegen die Heilkräfte des Weins allen schädlichen Einflüssen. Von daher dürfte seine heilende und vorbeugende Wirkung sicher sein. Es muss aber trotzdem der Suchtgefahr begegnet werden. Zur Eindämmung dieser Gefahr konnten wir in dem Buch Wesentliches beitragen. Sucht entsteht immer dann, wenn Ferne auf Nähe gebracht und die Transzendenz vernichtet wird. Die Philosophie des Weins zeigt uns dagegen, wie seine Transzendenz und seine Aura erhalten bleiben und sogar kultiviert werden können. Der Wein braucht also einen gewissen Umgang, bei dem durch Achtung und Respekt seine Spiritualität gewahrt wird. Das beginnt beim Anbau der Reben und ihrer Pflege, es setzt sich fort im Ausbau, der Kellerwirtschaft, dem Vertrieb und der Art der Vermarktung bis hin zur Verkostung und dem Genuss des Weins. Er wird zum Heilmittel, wenn neben seiner heilsamen Wirkung auch an seine Heiligkeit erinnert wird, die Teil seiner Geschichte ist. Das Wort Heilung umfasst das alles.

Der Wein ist Teil seiner Kultur und bereichert sie als ein Bedeutungsträger. Auf ihm sich finden wesentliche Züge dieser Kultur wieder. Der Wein spiegelt also seine Kultur und Gesellschaft in den mythologischen, religiösen und wirtschaftlichen Belangen und ist damit ein wesentlicher Kulturträger. In dieser Rolle wird er auch bereits weltweit gewürdigt. Er gehört zum Erbe der Menschheit und soll auch in die Liste des UNESCO-Weltkulturerbes aufgenommen werden. Teilweise ist das schon realisiert, wie am Beispiel der sogenannten „Climats", also der Terroirs in Burgund zu sehen ist. Auch die Aufnahme der *Weinkultur in Deutschland* in die Liste des Immateriellen Kulturerbes der UNESCO 2021 ist ein weiterer Schritt in diese Richtung und trägt zur Würdigung des Kulturgutes bei.

Mit seiner weltweiten Aufwertung ist der Wein auch zu einer Wertanlage geworden. Wir konnten zeigen, dass dies nicht nur mit seiner Geschichte, sondern mit allen seinen Reflexionen zusammenhängt. Aber diese Aufwertung hat auch Schattenseiten, etwa die Preisentwicklung bei den besseren Weinen, die junge Menschen, aber auch arrivierte Weininteressierte irritiert und abschreckt. Von dieser Entwicklung sind sogar Weinberge und ganze Weingüter betroffen. Für Prominente und Reiche ist es eine Angelegenheit des Prestiges geworden, edle Weine oder ein ganzes Weingut zu besitzen. Hier wird sich aber zeigen, und es deutet sich bereits an, dass solche Entwicklungen ökonomische Sackgassen sind, weil auch billigere Weine immer besser werden und sich zu Kultträgern entwickeln. Die Demokratisierung des Weins unter Beibehaltung seines Genusses auf höchster Ebene ist das Gebot der Stunde in Sachen Wein.

Das hängt auch damit zusammen, dass der Wein an der Entwicklung des ökologischen Denkens beteiligt ist und auch hier schon Vorreiter war. Dabei geht es nicht nur um den zunehmenden und jetzt schon weit verbreiteten biologischen und biodynamischen Anbau, es geht vor allem um den Wert, die Würde und um die Heiligkeit von Lebensmitteln und ihre Aufwertung. Diese symbolische Seite, die wir ausgiebig behandelt haben, zeigt eine über die Biologie hinausgehende Notwendigkeit für das ökologische Bewusstsein an. Sie wird auch für andere Lebensmittel wichtig. Das Biologische bleibt weitgehend am Stoff orientiert. Für das ökologische Denken ist aber auch die symbolische Bedeutung und damit der Umgang wichtig, den wir mit der Natur als Umwelt und Lebensraum pflegen. Hier war und ist der Wein ein Protagonist. Er wird auch weiterhin ein Vorbild für die Kostbarkeit von Lebensmitteln bleiben. Wir können nur dann gern in einer Welt wohnen und uns in ihr wohlfühlen, wenn wir uns als faire Mitbewohner erkennen. Diese Wahrheit schenkt uns der Wein – ein.

Anhang

Die im zweiten Kapitel behandelte *Synästhesie* soll an dieser Graphik als das Zusammenspiel der fünf Sinne auf einem gemeinsamen Feld der Erfahrung veranschaulicht werden. Hierbei wird auch das Mitspielen von Raum und Zeit berücksichtigt. Dadurch werden die einzelnen Sinne nicht als Nah- und Fernsinne qualifiziert und voneinander unterschieden, also das Tasten und Schmecken als Nahsinn, das Sehen und Hören als Fernsinn und das Riechen in der Mitte. In der Synästhesie übernehmen alle Sinne die Formen von Nah- und Fernerfahrung, weil auf diesem Feld immer auch die Aura wahrgenommen wird, die „Ferne, so nah sie sein mag". Hierbei sind gerade Geruch und Geschmack oft durch Ferne bestimmt, während Sehen und Hören für Annäherung und Nähe steht. Dieses scheinbar paradoxe Phänomen kann gerade am Wein deutlich gemacht werden. Im Zentrum des Feldes der Erfahrung steht immer ein erlebendes, sich erinnerndes und denkendes Subjekt.

Synästhesien

Raum	Auge optisch/ visuell	Ohr akustisch	Tastsinn haptisch/ sensuell	Geruch olfaktorisch	Geschmack gustatorisch	Zeit
nah	grell	laut	kalt/heiß	beißend	scharf	hektisch
			Feld der Erfahrung Ich			
fern	matt	leise	zart	fein	süß	ruhig

Literaturverzeichnis

1. Balthasar, Hans Urs von: Epilog. Einsiedeln 1987.
2. Benjamin, Walter: Das Kunstwerk im Zeitalter seiner technischen Reproduzierbarkeit. Frankfurt am Main 1963.
3. Benjamin, Walter: Kleine Geschichte der Fotografie. In: Das Kunstwerk im Zeitalter seiner technischen Reproduzierbarkeit. Frankfurt am Main 1963.
4. Binding, Rudolf G.: Moselfahrt aus Liebeskummer. Husum 2009.
5. Blixen, Tania. Babettes Fest. Zürich 1989.
6. Broadbent Michael: Weine; prüfen, kennen, genießen. Bern 2000.
7. Der Spiegel: Ein Duft von Kardamom und Malz. Ausgabe 38/1998.
8. Darbadie, Grégory: Le vin de la philosophie. Les promenades philosophiques de Bacchus. Rennes 2022.
9. Deubner, Ludwig: Attische Feste. Darmstadt 1962.
10. Ferenczi, Sándor: Introjektion und Übertragung. In: Schriften zur Psychoanalyse, Bd 1. Hg. Von Michael Balint. Frankfurt am Main 1982.
11. FINE – das Weinmagazin. Hg. v. Ralf Frenzel. Wiesbaden 2008ff., Ausgabe 4/2020.
12. Gabriel, Markus: Der Sinn des Denkens. Hamburg 2020.
13. Goethe, Johann Wolfgang: Faust. Der Tragödie Erster und Zweiter Teil. Stuttgart 2020 u.ö.
14. Grätzel, Stephan: Dasein ohne Schuld. Göttingen 2004.
15. Grätzel, Stephan: Versöhnung – Die Macht der Sprache. Freiburg 2018.
16. Grimm, Hans Ulrich: Wein ist gesund. Wie er uns stärkt und glücklich macht. München 2021.
17. Hamvas, Béla. Philosophie des Weins. Grafing bei München 1999.

18. Heidegger, Martin: Sein und Zeit. Tübingen 1967.
19. Heidegger, Martin: Der Ursprung des Kunstwerkes. In: Holzwege. Frankfurt am Main 1997.
20. Heidegger, Martin: Was heißt Denken. Tübingen 1997.
21. Herder, Johann Gottfried: Metakritik. Sämtliche Werke, Bd. XXI, hg. v. Bernhard Suphan. Berlin 1877–1913.
22. Hölderlin, Friedrich: Sämtliche Werke und Briefe. Hg. V. Michael Knaupp. München 2019.
23. Husserl, Edmund: Philosophie als strenge Wissenschaft. Hamburg 2009.
24. Ivanov, Vjaceslav Ivanovic: Dionysos und die vordionysischen Kulte. Hg. v. Michael Wachtel und Christian Wildberg. Tübingen 2012
25. Kerényi, Karl: Dionysos. Stuttgart 1998.
26. Laum, Bernhard: Heiliges Geld. Eine Untersuchung über den sakralen Ursprung des Geldes. Berlin 2006.
27. Lobenberg, Heiner und Luca: Vereint im Genuss. Bremen o.J.
28. Kreglinger, Gisela H.: Wein ist ein Gottesgeschenk. Aus dem Englischen übersetzt von Cornelia M. Knollmeyer. Würzburg 2019.
29. Kreglinger, Gisela H.: Damit dein Herz sich freut. Wein und die Kunst, das Leben in Fülle zu genießen. Die Entdeckung eines göttlichen Geschenks. Aus dem amerikanischen Englisch von Elke Wiemer. Moers 2021.
30. Lemke, Harald: Ethik des Essens. Eine Einführung in die Gastrosophie. Berlin 2007.
31. Meyhöfer, Dirk, Frahm, Klaus: Die Architektur des Weines. Stuttgart 2015.
32. Meyhöfer, Dirk; Gollnik, Olaf: Die Architektur des Weines. Ludwigsburg 1999.
33. Müller-Kaller, Bernd: Wein-Philosophie. Nachdenkliches und Informatives zum Wein. Leipzig 2011.
34. Nietzsche, Friedrich: Die dionysische Weltanschauung. Kritische Studienausgabe, Bd. 1. Berlin 1980.

35. Nietzsche, Friedrich: Geburt der Tragödie. Kritische Studienausgabe, Bd. 1. Berlin 1980.
36. Nietzsche, Friedrich: Über Wahrheit und Lüge im außermoralischen Sinne. Kritische Studienausgabe, Bd. 1. Berlin 1980.
37. Nietzsche, Friedrich: Götzendämmerung. Kritische Studienausgabe, Bd. 6. Berlin 1980.
38. Onfray, Michel: Die Formen der Zeit. Theorie des Sauternes. Übersetzt von Markus Sedlaczek. Berlin 1999.
39. Onfray, Michel: Der sinnliche Philosoph. Übersetzt von Eva Moldenhauer. Frankfurt am Main 1992.
40. Otto, Walter Friedrich: Dionysos. Frankfurt am Main 2011.
41. Priewe, Jens: Wein – die große Schule. München 2019.
42. Rech, Photina: Inbild des Kosmos. Salzburg 1966.
43. Scheuermann, Mario: Wein und Zeit. Stuttgart 2007.
44. Schmitz, Hermann: Das Göttliche und der Raum. System der Philosophie, Bd. 3/4. Bonn 2005.
45. Schmitz, Hermann: Der Gefühlsraum. System der Philosophie, Band 3/2. Bonn 2005.
46. Schreiber, Georg: Deutsche Weingeschichte. Der Wein in Volksleben, Kult und Wirtschaft. Bonn 1980.
47. Schuppener, Bernd: Die Angst vor dem Geist. Ein Plädoyer für das universale Unbewusste. Würzburg 2021.
48. Schweitzer, Albert: Kulturphilosophie. München 2007.
49. Thomas, Alois: Die Darstellung Christi in der Kelter. Düsseldorf 1936.
50. Van der Leeuw, Gerardus: Sakramentales Denken. Kassel 1959.
51. Van Gennep, Arnold: Übergangsriten. Übersetzt aus dem Französischen von Klaus Schomburg und Sylvia M. Schomburg-Scherff. Frankfurt am Main 1999.
52. Woschek, Heinz-Gert u.a.: Wein und Architektur. München 2011.

53. Woschek, Heinz-Gert, u.a.: Wein und Raum. Architektonische Konzepte zum Präsentieren, Probieren und Genießen. München 2014.

Verzeichnis erwähnter oder beschriebener Weingüter

Angelo Gaja, Barbaresco, Piemont.

Aura-Weine, Weingut Laura Henrici, Friesenheim, Rheinhessen.

Weingut Geheimer Rat Dr. von Bassermann-Jordan, Deidesheim, Pfalz.

Weingut Geil, Monzernheim, Rheinhessen.

Domaine Jean Grivot, Vosne-Romanée, Burgund.

Weingut Huxel Erben, Westhofen Rheinhessen.

Schloss Johannisberg, Geisenheim, Rheingau.

Julius-Spital, Würzburg, Franken.

Juwel, Weingut Juliane Eller, Alsheim, Rheinhessen.

Weingut Franz Keller, Oberbergen, Kaiserstuhl.

Chateau Margaux, Margaux-Cantenac, Bordeaux.

Weingut Metzger, Asselheim, Pfalz.

Weingut Maxim Grünhaus, Mertesdorf, Ruwer.

Domaine Romanée-Conti, Vosne-Romanée, Burgund.

Petrus, Pomerol, Bordeaux.

Winzerhof Stahl, Auernhofen, Franken.

Chateau Trocard Monrepos, Les Artigues de Lussac, Bordeaux.

Weingut Katharina Wechsler, Westhofen, Rheinhessen.